COLECCIÓN DE RECETAS
Vegetarianas

Publications International, Ltd.

En la portada se ilustran: Srudel de Col y Queso *(página 208).*

En la contraportada se ilustran *(en el sentido de las manecillas del reloj, desde arriba a la izquierda):* Chilaquiles Vegetarianos *(página 268),* Pan Francés Relleno de Fresa y Plátano *(página 192),* Sofrito de Tofu y Verduras *(página 300)* y Alcachofa Roma con Ragú de Tomate *(página 302).*

ISBN: 1-4127-2375-2

Número de Tarjeta del Catálogo de la Biblioteca del Congreso: 2006900095

Hecho en China.

8 7 6 5 4 3 2 1

Cocción en Horno de Microondas: La potencia de los hornos de microondas es variable. Utilice los tiempos de cocción como guía y revise qué tan cocido está el alimento antes de hornear por más tiempo.

COLECCIÓN DE RECETAS
Vegetarianas

FUNDAMENTOS DEL VEGETARIANISMO

¿Qué Significa Ser Vegetariano?

Por definición, los vegetarianos no comen carne, aves, pescados ni mariscos. Su principal fuente alimenticia son los productos de origen vegetal. Esto no significa que sólo consuman verduras. Una dieta basada en productos de origen vegetal también incluye granos y alimentos hechos con granos: cereales, pastas y panes. Las oleaginosas, las semillas, las leguminosas y las frutas complementan la dieta.

Por lo general, a los vegetarianos se les clasifica en tres categorías: crudívoros, lacto-ovo-vegetarianos y lacto-vegetarianos. A las personas que consumen sólo alimentos de fuentes vegetales se les llama crudívoros; no comen carne, aves, pescado, huevos, ni productos lácteos. Los lacto-ovo-vegetarianos son el grupo más grande en Estados Unidos; complementan su dieta tanto con productos lácteos como con huevos, pero no comen carne, pescado, ni aves. Los lacto-vegetarianos consumen productos lácteos pero no comen huevos.

Relación Salud y Nutrición

Las normas más recientes del United States Department of Agriculture y el Department of Health and Human Services, sugieren que una dieta sana debe incluir muchos alimentos basados en cereales, frutas y verduras. Estas organizaciones y los dietistas registrados recomiendan reducir el consumo de alimentos de origen animal para poder disminuir de nuestra dieta el total de grasa, la grasa saturada y el colesterol. La dieta vegetariana se adapta bien a estas recomendaciones.

Quienes consumen productos lácteos y huevos deben tener cuidado de limitar el consumo de productos altos en grasa, como el queso, la mantequilla, la crema agria y la crema regular. Siempre que sea posible, han de sustituir los productos altos en grasa por productos lácteos semidesgrasados.

La proteína es un nutrimento necesario en nuestra dieta, pero los profesionales en nutrición creen que la mayoría de los adultos que consumen alimentos de origen animal comen demasiadas proteínas. Una dieta que se basa principalmente en fuentes vegetales puede satisfacer los requerimientos de proteína del cuerpo. Una vez que usted conoce los fundamentos, es fácil obtener suficientes proteínas.

A diferencia de los productos de origen animal, los alimentos vegetales, por lo general, no contienen proteínas completas, excepto el arroz, la papa y la soya. Los alimentos vegetales contienen ciertas cantidades de proteínas complementarias que, cuando se consumen en combinación con otras proteínas complementarias específicas, se vuelven completas. La creencia actual es que siempre y cuando se consuman las proteínas complementarias correctas el mismo día, se tendrán disponibles las proteínas completas adecuadas para satisfacer las necesidades corporales. En otras palabras: una dieta rica en una amplia variedad de cereales, semillas, oleaginosas, leguminosas, frutas y vegetales, puede proporcionar con facilidad los componentes de proteínas completas.

Como referencia rápida, siga estas combinaciones básicas para formar las proteínas más completas:

Productos Lácteos + Cereales =
    Proteínas Completas
Leguminosas + Semillas =
    Proteínas Completas
Leguminosas + Cereales =
    Proteínas Completas

Es muy importante satisfacer la necesidad del cuerpo de vitaminas D y B_{12}. La principal fuente alimenticia de vitamina D es la leche fortificada. Las plantas no proporcionan esta vitamina esencial. Sin embargo, el cuerpo puede producir vitamina D cuando la piel se expone al sol. Respecto a la exposición a la luz solar, para los vegetarianos puede ser difícil obtener suficiente vitamina D. Obtener una cantidad adecuada de vitamina B_{12} es más que un problema, porque se encuentra de manera natural sólo en productos de origen animal y el cuerpo no puede producirla. En consecuencia, los vegetarianos deben depender de alimentos fortificados, como los cereales del desayuno y la leche de soya, o de complementos vitamínicos con estas dos vitaminas.

LEGUMINOSAS SECAS

Las leguminosas, incluidos los frijoles (judías) secos, los chícharos (guisantes) y las lentejas, son una bendición alimenticia. Proporcionan una fuente de proteína baja en grasa, baja en sodio y sin colesterol. También son altas en carbohidratos complejos y fibra, y están llenas de vitaminas y minerales, como hierro y calcio.

Las leguminosas secas son fáciles de encontrar y se venden empacadas o a granel. Los frijoles etiquetados como de "cocción rápida" son remojados y rehidratados antes de empacarlos, lo que facilita su preparación. No obstante, su consistencia no es tan firme como la de los frijoles secos comunes.

Antes de cocer las leguminosas secas, enjuáguelas y deseche la basura y los materiales extraños que encuentre en ellas, así como los frijoles marchitos, decolorados o rotos.

Después de limpiarlas, la mayoría de las leguminosas deben rehidratarse remojándolas toda la noche o con un remojo rápido. Esto reduce el tiempo de cocción, suaviza las leguminosas y elimina los azúcares no digeribles que pueden causar flatulencia. No es necesario remojar los chícharos pelados y las lentejas antes de cocerlos.

Método de Remojo de Toda la Noche: Si planea su comida un día antes, este método es ideal para rehidratar las leguminosas. Coloque las leguminosas secas, limpias, en un tazón grande o en una cacerola; cúbralas con 10 cm de agua. Deje reposar a temperatura ambiente durante 8 horas por lo menos; enjuague y escurra.

Método de Remojo Rápido: Cuando no disponga de 8 horas para remojar las leguminosas, el remojo rápido es una manera fácil de rehidratarlas. Coloque las leguminosas secas, limpias, en una cacerola grande; cúbralas con

GUÍA PARA COCER LEGUMINOSAS SECAS

Leguminosa	Cantidad	Agua	Tiempo de Cocción	Rinde
Alubias de Ojo	450 g	8 tazas	45-60 minutos	7 tazas
Alubias	450 g	8 tazas	1-1½ horas	7 tazas
Chícharos	450 g	8 tazas	25-45 minutos	7 tazas
Frijoles Bayos	450 g	8 tazas	1-1½ horas	7 tazas
Frijoles Negros	450 g	8 tazas	1½ horas	6 tazas
Frijoles Rojos	450 g	8 tazas	1-1½ horas	6⅔ tazas
Garbanzos	450 g	8 tazas	1½-2½ horas	6¼ tazas
Habas	450 g	8 tazas	1-1½ horas	6½ tazas
Lentejas	450 g	8 tazas	25-45 minutos	7 tazas

10 cm de agua. Ponga a hervir, tapadas, a fuego alto. Destape; deje hervir por 2 minutos. Retire la olla del fuego; tape. Deje reposar durante 1 hora en el agua; enjuague y escurra.

Como referencia práctica para cocer leguminosas, utilice la tabla Guía para Cocer Leguminosas Secas, de la página 5. En una cacerola grande, ponga la cantidad de agua y de leguminosas que se indica. Deje hervir a fuego medio-alto. Reduzca el fuego a bajo. Tape; deje cocer el tiempo especificado o hasta que las leguminosas estén suaves; revuelva de vez en cuando.

Para saber si ya están cocidas, saque varias piezas de la cacerola. Con cuidado, presiónelas entre los dedos pulgar e índice. Las leguminosas estarán bien cocidas cuando estén suaves, pero no demasiado blandas. Cuando estén suaves, retírelas del fuego y, de inmediato, colóquelas bajo el chorro de agua fría. Escúrralas en un colador. Si las deja en el agua de cocción, seguirán cociéndose, perderán su forma y se ablandarán demasiado.

450 g de leguminosas secas =
  2½ a 3 tazas sin cocer =
  6 a 7 tazas cocidas
1 lata (450 g) de frijoles =
  1⅔ tazas escurridas

Guarde las leguminosas secas en un recipiente hermético a temperatura ambiente hasta por un año o, indefinidamente, en el congelador. Ponga las leguminosas cocidas en un recipiente hermético y guárdelas por una semana en el refrigerador o hasta por seis meses en el congelador.

CEREALES

Los cereales, como cebada, bulgur, maíz, avena, quinoa, arroz, centeno, trigo y arroz salvaje, son los granos comestibles de las plantas y espigas de cereal. Son una excelente fuente de proteína y carbohidratos complejos de bajo costo, y son una parte importante en la dieta vegetariana.

La mayoría de los cereales pasan por varios procesos antes de ser vendidos. Los cereales pueden pulirse, lo cual remueve el salvado y el germen del grano.

También se pasan por vapor para suavizar el grano, o se trituran o se muelen para acortar el tiempo de cocción.

La **cebada** es un cereal duro que se vende en diferentes formas. A la cebada pelada sólo se le quita la vaina, por lo que el salvado y el germen están intactos. La cebada escocesa y los granos de cebada, además, son molidos o trozados. La cebada perla es el tipo más común; es pulida muchas veces para eliminar el salvado y gran parte del germen. La cebada perla también está disponible para cocción rápida.

El **bulgur** son granos de trigo cocidos al vapor, secos y machacados. Se vende en molienda gruesa, mediana y fina, y tiene una textura suave y masticable.

GUÍA PARA COCER CEREALES

Grano	Cantidad	Agua	Tiempo de Cocción	Rinde
Arroz Arborio	1 taza	1½ tazas	20 minutos	2 tazas
Arroz Basmati	1 taza	2½ tazas	20 minutos	3 tazas
Arroz Blanco	1 taza	2 tazas	20 minutos	3 tazas
Arroz Integral	1 taza	2 tazas	45 minutos	3 tazas
Arroz Salvaje	1 taza	2 tazas	50 minutos	2⅔ tazas
Avena de Cocción Rápida	1 taza	2 tazas	1 minuto	2 tazas
Avena Regular	1 taza	2 tazas	5-7 minutos	2 tazas
Bulgur	1 taza	2 tazas	15-20 minutos	2½ tazas
Cebada de Cocción Rápida	1 taza	1½ tazas	10-12 minutos	2½ tazas
Cebada Perla	1 taza	4 tazas	45 minutos	3½ tazas

La **harina de maíz** se obtiene del grano de maíz molido. Se vende en molienda gruesa, mediana y fina, y en colores amarillo, blanco o azul. El color de la harina de maíz depende del tipo del maíz que se muele.

La **avena** ha de ser procesada antes de comerla. Se limpia, se tuesta y se le quita la vaina para obtener la sémola. La sémola se cuece al vapor y se aplana en forma de hojuelas para hacer la avena desmenuzada regular (a menudo llamada avena tradicional). Un proceso posterior produce la avena desmenuzada de cocción rápida. Cuanto más procesada esté la avena, tanto menos masticable es su textura al cocerla.

La **quinoa** fue un producto básico para los antiguos incas, quienes la llamaban "el grano

A la derecha se ilustran diversas Pastas, Leguminosas y Arroces:
1. Pasta orzo, 2. Arroz blanco basmati, 3. Arroz blanco instantáneo, 4. Arroz arborio, 5. Arroz salvaje, 6. Frijol negro, 7. Chícharo en mitades, 8. Bulgur, 9. Couscous, 10. Harina de maíz (polenta), 11. Alubia de Ojo, 12. Garbanzo, 13. Haba, 14. Frijol pinto, 15. Alubia, 16. Judías blancas, 17. Lenteja, 18. Frijol rojo, 19. Codito, 20. Rotini, 21. Pelo de ángel, 22. Ditalini, 23. Moño de pasta, 24. Ravioles, 25. Radiatore, 26. Linguine, 27. Fettuccine de espinaca, 28. Fusilli, 29. Concha chica de pasta, 30. Tiras de lasaña

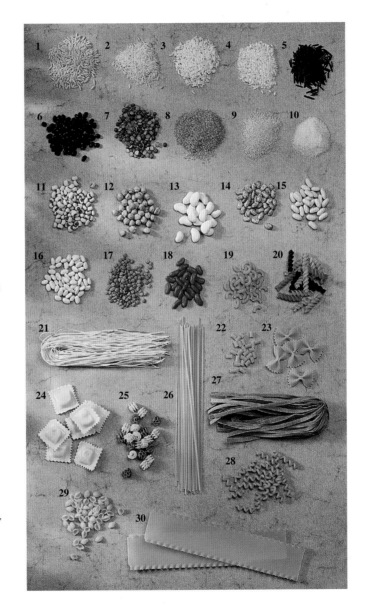

madre". Sigue siendo un producto importante en la cocina de América del Sur. Con frecuencia, se la compara con el couscous; su forma es como una cuenta diminuta de color marfil. Se cuece como el arroz, pero en la mitad del tiempo, y puede utilizarse para sustituir el arroz. Su sabor es delicado y casi insípido.

El **arroz** es un producto básico para más de la mitad de la población del mundo, lo que lo convierte en uno de los cereales más populares. Se clasifica según la longitud del grano. El arroz de grano largo es el tipo más común y se puede usar indistintamente como el arroz de grano mediano. El arroz de grano corto contiene mucho más almidón que los de grano largo y mediano; esto lo hace muy pegajoso al cocerlo. Existen muchas variedades de arroz que se pueden encontrar en la mayoría de los supermercados grandes.

- El arroz arborio es un arroz de grano corto que se cultiva en Italia; es un grano regordete grande con delicioso sabor. Tradicionalmente se utiliza para preparar risotto, porque su alto contenido de almidón produce una textura cremosa y puede absorber más líquido que el arroz de grano común o largo.

- El término general de arroz aromático se utiliza para clasificar a los arroces aromáticos con sabor y aroma a nuez. El arroz basmati de la India, el arroz de jazmín de Tailandia y el arroz texmati de Texas son algunos de los arroces aromáticos más comunes.

- El arroz integral es el menos procesado de todas las variedades; sólo se le quita la vaina. El arroz tiene un color tostado natural debido a las capas de salvado que se le dejan al grano. Cuando se cuece, el arroz integral tiene un sabor a nuez y una textura ligeramente masticable.

- Al arroz blanco también se le conoce como arroz pulido. Se pule completamente para eliminar las capas de vaina y salvado. En Estados Unidos, más de 90% del arroz pulido se enriquece con tiamina, riboflavina, niacina y hierro. No enjuague el arroz enriquecido antes de cocerlo porque perderá esos nutrimentos. Este arroz tiene un delicado sabor.

- El arroz cocido (de cocción rápida) es arroz integral o blanco de grano largo cocido, enjuagado y seco mediante un proceso patentado. Se prepara en unos cuantos minutos porque sólo necesita rehidratarse durante la preparación.

El **arroz salvaje** tiene textura masticable y sabor terroso. A menudo se le clasifica como arroz, pero en realidad es la semilla de un pasto acuático nativo de Minnesota.

Cuando cueza cereales, utilice como referencia la tabla Guía para Cocer Cereales, de la página 6. Como regla general, la mayoría de los granos sin cocer expanden de dos a tres veces su tamaño original durante la cocción. Mida en una cacerola mediana la cantidad de agua que se especifica. Deje hervir a fuego medio-alto. Agregue lentamente los granos y deje que vuelva a hervir. Reduzca el fuego a bajo. Tape; deje cocer el tiempo especificado o hasta que los cereales estén suaves y gran parte del agua se haya absorbido.

Debido a su tendencia a arranciarse, los cereales enteros sin pulir se deben comprar en cantidades reducidas y han de guardarse en el refrigerador en un recipiente hermético. Puede conservarlos hasta por seis meses. Los granos pulidos guardados en un lugar frío y seco, en un recipiente hermético, se conservan bien hasta por un año.

PASTA

La pasta es uno de los alimentos disponibles más versátiles, convenientes y económicos. Se elabora con trigo duro, agua y, en ocasiones, huevos, y se encuentra en más de 150 formas. La pasta es una excelente fuente de carbohidratos complejos y contiene una buena cantidad de hierro, magnesio, tiamina, niacina y riboflavina.

Para obtener los mejores resultados cuando cueza pasta, utilice bastante agua hirviente; para 450 g de pasta, utilice de 4 a 6 litros de agua. Con frecuencia, al agua de cocción se le agrega aceite y sal para darle sabor. No obstante, los puede omitir sin alterar el producto final, y reducirá grasa y sal de su dieta. Agregue la pasta poco a poco, revolviendo con cuidado, hasta que el agua vuelva a hervir. Revolver impide que la pasta se pegue a la olla y ayuda a que se cueza parejo.

El tiempo de cocción varía según el tipo de pasta y, en ocasiones, de la marca. Comience a revisar la cocción en el tiempo mínimo recomendado, saque un poco de pasta o una hebra y muérdala. Si está suave pero aún firme (al dente), ya está lista. De inmediato, escúrrala. La pasta sólo se debe enjuagar si se va a utilizar en ensalada. Con el enjuagado se enfría la pasta y se quita el exceso de almidón, el cual ocasiona que se pegue. La pasta que se va a hornear, como la lasaña, se debe dejar un poco cruda; de lo contrario, quedará demasiado suave después de horneada. La pasta seca, preparada comercialmente, puede guardarse indefinidamente en un recipiente hermético a temperatura ambiente.

VERDURAS

Las verduras son parte importante de todas las dietas porque proporcionan una amplia variedad de nutrimentos esenciales. Son ricas en vitaminas A y C, así como otras vitaminas, minerales y fibra.

Sin embargo, al cocer las verduras se corre el riesgo de perder estos nutrimentos. La mayor pérdida de nutrimentos ocurre al poner una verdura en agua, porque muchos de ellos se disuelven. Las altas temperaturas y los tiempos de cocción prolongados también ocasionan pérdidas. Para cocinar las verduras al término adecuado, utilice como referencia la tabla Guía para Verduras Frescas, de las páginas 10 y 11. Todas las verduras se deben cocer justo lo necesario para suavizarlas y después se retiran rápidamente de la fuente de calor. Los tiempos de cocción empiezan a contarse cuando el agua vuelve a hervir.

Hervido vs. Al Vapor

Aun cuando cocer al vapor se realiza a temperatura alta, las verduras se cuecen rápido con fuego intenso. Cocer al vapor también disminuye la disolución de los nutrimentos y de los sabores en el agua, porque las verduras no se sumergen como cuando se hierven, sino que se colocan sobre el agua en una rejilla. Las verduras delicadas también se benefician porque están sobre el agua hirviente y

permanecen intactas.

Las verduras de sabor fuerte, como la cebolla y la col, y los tubérculos, como el ajo, el brócoli y el nabo, se benefician al hervirlas porque disminuye su fuerte sabor y las deja más apetecibles. Utilice sólo el agua suficiente para cubrir las verduras para minimizar la lixiviación de los nutrimentos en el agua y no las tape para dejar que escapen los sabores. Siempre ponga los tubérculos en agua fría y deje que hierva. Esto permite que las verduras se cuezan bien y uniformemente.

El blanqueado es otra manera de cocer las verduras. Para blanquearlas, hay que sumergirlas brevemente en agua hirviente y después enfriarlas rápido en agua fría. Este método es ideal para eliminar la piel de los tomates rojos o para abrillantar el color de las verduras crudas en botanas.

GUÍA PARA VERDURAS FRESCAS

Verdura	Mejor Temporada	Consejos para Comprar	450 g rinden	Tiempo de Cocción al Vapor*	Tiempo de Hervido*
Berenjena	agosto y septiembre	• firme, pesada y lisa • tallo fresco verde brillante • tamaño chico indica que está dulce y tierna	picada, 3–4 tazas	5–6 minutos	5–10 minutos
Brócoli	octubre a abril	• tallos firmes • botones compactos verde oscuro • botones bien cerrados	picado, 2 tazas	floretes: 5–6 minutos tallos: 8–15 minutos	4–5 minutos 5–10 minutos
Calabaza de Invierno	septiembre a marzo	• cáscara dura y gruesa • pesada	cocida, puré, 1 taza 3 medianas	rebanada: 9–12 minutos	5–10 minutos
Calabaza de Verano	verano	• tamaño chica o mediana • piel suave sin manchas, brillante • firme y pesada	picada, 2½ tazas cocida, 1⅔ tazas	rebanada: 3–6 minutos	5–10 minutos
Calabaza	julio a septiembre	• pesada, firme y bien formada • piel suave de color brillante • tamaño chico indica que está tierna	3 medianas rebanada, 2½ tazas	5–10 minutos	5–10 minutos
Cebollas	todo el año	• seca, firme y pesada • olor medio	3 grandes o 4 medianas picada, 2–3 tazas	20–25 minutos	20–30 minutos
Col	todo el año	• pieza compacta, pesada • hojas de color brillante	rallada, 4–4½ tazas cocida, 2 tazas	rallada: 5–8 minutos rebanadas: 6–9 minutos	5–10 minutos 10–15 minutos
Coles de Bruselas	octubre a abril	• piezas firmes, pesadas y compactas • color verde brillante • tamaño chico indica dulzura	crudas, 4 tazas cocidas, 2½ tazas	6–12 minutos	5–10 minutos
Coliflor	finales de otoño a primavera	• pieza firme, pesada • floretes compactos • hojas verdes, rígidas	floretes, 1½ tazas	floretes: 6–10 minutos entera: 15–20 minutos	10–15 minutos 5–8 minutos
Champiñones	otoño e invierno	• firme y de color uniforme • sombreros bien cerrados	rebanados, 6 tazas	4–5 minutos	3–4 minutos

*Los tiempos de cocción al vapor y hervido se basan en 450 g de verdura.

GUÍA PARA VERDURAS FRESCAS, *continuación*

Verdura	Mejor Temporada	Consejos para Comprar	450 g rinden	Tiempo de Cocción al Vapor*	Tiempo de Hervido*
Chícharos (guisantes)	abril a julio	• vainas firmes, chicas, regordetas • color verde brillante	1 taza de chícharos pelados	3–5 minutos	3 minutos
Ejotes (judías verdes)	mayo a septiembre	• color brillante, crujientes • la esbeltez indica suavidad	enteros, 3½ tazas en trozos, 2¾ tazas	5–15 minutos	10–20 minutos
Elote	mediados de julio a principios de septiembre	• hojas exteriores suaves flexibles • granos maduros dorados y suaves	1 mazorca = ½ taza de granos	6–10 minutos	3–7 minutos
Espárragos	finales de febrero a mediados de verano	• firmes, tallos verde claro • puntas bien cerradas • color verde uniforme	12–15 piezas picados, 3 tazas	8–10 minutos	4–6 minutos
Espinaca	todo el año	• hojas de buen color, rígidas • tallos estrechos y suaves	en trozos. 10–12 tazas cocida, 1 taza	5–6 minutos	2–5 minutos
Nabos	octubre a febrero	• firmes y pesados • de 5 cm de diámetro • piel suave, sin manchas	picados, 2½ tazas	enteros: 20–25 minutos cortados: 12–15 minutos	15–20 minutos 5–8 minutos
Papas (patatas)	todo el año	• limpias, firmes y bien formadas • suaves, piel seca y sin raíces	2–3 medianas cocidas, cortadas, 3½ tazas	enteras: 12–30 minutos cortadas: 10–12 minutos	20–30 minutos 15–20 minutos
Pimiento Morrón	julio a noviembre	• firme, fresco y pesado • piel de color brillante • tallo verde y duro	1 grande, picado = 1 taza en tiras, 1¼ tazas	2–4 minutos	4–5 minutos
Tomates Rojos	mediados de verano a septiembre	• regordete, firme y pesado • color vibrante y aroma agradable	3 medianos 8 chicos picados 2 tazas	2–3 minutos	no se recomienda
Zanahorias	todo el año	• delgada, firme y uniforme • dolor naranja-rojizo sano	picadas o rebanadas, 3 tazas ralladas, 2½ tazas	enteras: 10–15 minutos rebanadas: 4–5 minutos	15–20 minutos 5–10 minutos

*Los tiempos de cocción al vapor y hervido se basan en 450 g de verdura.

ENTREMESES PARA FIESTAS

Dip Mexicano de Cinco Capas

½ taza de crema agria baja
   en grasa
½ taza de salsa picante
1 lata (375 g) de frijoles (judías)
   refritos (negros o pintos,
   naturales o sazonados)
2 tazas de lechuga picada

½ taza de tomate rojo picado
¼ de taza (30 g) de queso cheddar
   poco rallado
Cilantro fresco picado y ramas
   de cilantro (opcional)
1 bolsa grande (210 g) de totopos
   (de maíz amarillo, blanco
   o azul)

En un recipiente chico, revuelva la crema y la salsa. En un tazón de vidrio no muy profundo, distribuya el frijol. Vierta encima la mezcla de crema y salsa para cubrir el frijol.* Justo antes de servir, distribuya encima la lechuga, el tomate rojo y el queso. Adorne con cilantro, si lo desea. Acompañe con totopos.   *Rinde 8 porciones*

Puede preparar el dip hasta este punto; tape y refrigere hasta por 24 horas.

Dip Mexicano de Cinco Capas

Dip Caliente de Frijol Negro

1 lata (435 g) de frijoles (judías) negros, enjuagados y escurridos
450 g de tomate rojo picado, cocido y escurrido
1 lata de chipotles adobados, escurridos y finamente picados*

1 cucharadita de orégano seco
1 taza (120 g) de queso cheddar bajo en grasa rallado
Totopos

Ponga los frijoles en un recipiente mediano; macháquelos con un tenedor.

Pase los frijoles a una cacerola chica. Agregue el tomate, el chipotle y el orégano. Cueza a fuego medio por 5 minutos o hasta que esté bien caliente; revuelva de vez en cuando. Retire del fuego. Agregue el queso; revuelva sin cesar hasta que se funda el queso.

Vierta el dip de frijol en un tazón. Sirva caliente con totopos. *Rinde 8 porciones*

Los chipotles pueden irritar la piel; use guantes de hule cuando los maneje y no se toque los ojos.

Salsa Medalla de Oro

4 nectarinas maduras frescas
1 pera o manzana madura fresca
2 pimientos morrones rojos, sin semillas y picados

3 cucharadas de chiles picados
3 cucharadas de cebolla picada
3 cucharadas de jugo fresco de limón

Pique las nectarinas y la pera. Mezcle bien todos los ingredientes; revuelva para sacar un poco del jugo. Cubra con envoltura plástica; refrigere hasta el momento de servir. Puede prepararlo hasta con 4 horas de anticipación. *Rinde 6 porciones (de ½ taza)*

Dip Caliente de Frijol Negro

Pasta para Untar de Brócoli y Nuez

Pasta para Untar de Brócoli y Nuez

1 bolsa (285 g) de brócoli picado, congelado
120 g de queso crema
¼ de taza de queso parmesano rallado

1 cucharadita de albahaca seca
¼ de taza de nuez
1 hogaza de pan de ajo congelada

• Cueza el brócoli siguiendo las instrucciones de la bolsa; escúrralo bien.

• Caliente el horno a 200 °C. Ponga el brócoli, el queso crema, el queso parmesano y la albahaca en el procesador de alimentos o en la licuadora; procese hasta que se mezclen los ingredientes. *(No mezcle de más.)* Incorpore la nuez; procese de 3 a 5 segundos.

• Corte el pan a lo largo. Úntelo uniformemente con la mezcla de brócoli.

• Hornéelo de 10 a 15 minutos o hasta que se tueste el pan y la mezcla de brócoli esté bien caliente. Corte el pan en trozos de un bocado; sírvalos calientes.

Rinde unas 2 tazas de pasta para untar

Dip de Hummus y Verduras

1 lata (450 g) de garbanzo,
    enjuagado y bien escurrido
5 cucharadas de jugo de limón
¼ de taza de agua
¼ de taza de tahini -pasta de
    semillas de ajonjolí (sésamo)-
2 cucharadas de aceite de oliva
1 a 2 dientes de ajo picados
¼ de cucharadita de comino
    molido
    Sal y pimienta negra recién
    molida

Gotas de salsa picante
    (opcional)
Jugo de limón adicional
    (opcional)
Verduras frescas picadas
Rebanadas de pita (pan árabe)
Aceitunas negras curadas en
    aceite (opcional)
Aceite de oliva adicional
    (opcional)

En el vaso de la licuadora o en el procesador de alimentos, coloque los garbanzos, 5 cucharadas de jugo de limón, el agua, el tahini, 2 cucharadas de aceite de oliva, el ajo y el comino; procese hasta que la mezcla se espese y se acreme. Sazone al gusto con sal, pimienta negra y la salsa picante, si lo desea. Ajuste la consistencia con jugo de limón o agua adicionales, si gusta. Vierta en un tazón. Cubra y refrigere durante 1 hora por lo menos antes de servir. Sirva con verduras y pitas; adorne el dip con aceitunas y rocíelo con aceite de oliva adicional, si lo desea. *Rinde unas 1¼ tazas de dip*

Dip de Pimiento con Brochetas de Tortellini

DIP DE PIMIENTO

1 diente chico de ajo pelado
1 caja (120 g) de queso suave para
    untar con ajo y especias

2 frascos (de 120 g cada uno)
    de pimientos, enjuagados,
    escurridos y secos
1 cucharadita de vinagre
    balsámico, de manzana o
    de vino

BROCHETAS DE TORTELLINI

450 a 675 g de tortellini rellenos
    de espinaca o queso
2 cucharadas de aceite de oliva

1 cucharada de albahaca seca
    Sal al gusto

En el procesador de alimentos, pique el ajo con la cuchilla de metal. Agregue el queso y procese hasta obtener puré. Incorpore el pimiento y el vinagre; procese hasta que se mezclen, más o menos por 1 minuto. Pase a un tazón mediano y refrigere hasta 15 minutos antes de servir.

Cueza los tortellini siguiendo las instrucciones de la envoltura. Enjuáguelos con agua fría y escúrralos bien. Póngalos en un recipiente grande y báñelos con aceite de oliva; espolvoree la albahaca y sal al gusto. Refrigérelos.

En palillos de madera, ensarte 2 tortellini y acomódelos en un platón alrededor del tazón de Dip de Pimiento. *Rinde de 12 a 14 porciones*

Nota: *El dip sabe mejor cuando se prepara un día antes y se refrigera por toda la noche.*

Sabroso Dip de Espinaca

1 taza de crema agria
¼ de taza de mostaza Dijon
1 sobre (20 g) de aderezo italiano para ensalada, en polvo
285 g de espinaca picada, descongelada y bien escurrida
¼ de taza de zanahoria finamente rallada
2 cucharadas de pimiento morrón rojo finamente picado
Tazas de pimiento morrón verde o rojo, opcional
Variedad de verduras en tiras y galletas botaneras, para remojar

En un tazón mediano, revuelva la crema, la mostaza y el aderezo para ensalada. Incorpore la espinaca, la zanahoria y el pimiento. Refrigere hasta el momento de servir. Si lo desea, sirva el dip en las tazas de pimiento. Acompañe con las tiras de verdura y las galletas.

Rinde 2 tazas

Hummus Marroquí Condimentado

2 latas (de 440 g cada una) de garbanzo, escurrido y enjuagado
⅓ de taza de miel
¼ de taza de jugo de limón
1 cucharadita de ajo picado
1 cucharadita de comino molido
½ cucharadita de sal
Pizca de pimienta de Cayena
2 a 3 cucharadas de cilantro o perejil fresco picado
Triángulos de Pita Tostados (pan árabe) (receta más adelante) o galletas botaneras

En el procesador de alimentos o en la licuadora, mezcle todos los ingredientes, excepto el cilantro y los Triángulos de Pita Tostados. Procese hasta que se incorporen. Vierta la mezcla en un tazón; corone con el cilantro. Sirva con los Triángulos de Pita Tostados o galletas botaneras.

Rinde 2½ tazas de dip

Triángulos de Pita Tostados: *Separe las pitas en 2 círculos cada una. Corte cada círculo en 6 u 8 triángulos. Póngalos sobre una charola para hornear. Hornéelos a 200 °C por unos 5 minutos o hasta que estén crujientes y ligeramente dorados en las orillas.*

Fresco Dip a la Jardinera

1½ tazas de mayonesa sin grasa
1½ tazas de zanahoria finamente
    rallada
1 taza de floretes de brócoli
    finamente picados

⅓ de taza de cebollín finamente
    picado
2 cucharadas de eneldo
¼ de cucharadita de ajo en polvo

• **Revuelva** la mayonesa, la zanahoria, el brócoli, el cebollín, el eneldo y el ajo en polvo, en un recipiente mediano.

• **Vierta** en un tazón. Cubra y refrigere durante 1 hora o por toda la noche. Sirva con floretes de brócoli, de coliflor y zanahorias miniatura peladas. Adorne con ramas de eneldo frescas, si lo desea. Refrigere el sobrante en un recipiente hermético hasta por 1 semana.

Rinde 14 porciones

Tiempo de Preparación: 15 minutos   **Tiempo de Refrigeración:** 1 hora

Pasta para Untar Caliente de Alcachofa

1 lata (400 g) de corazones de
    alcachofa, escurridos y
    picados

1 taza (120 g) de queso parmesano
    rallado
1 taza de aderezo de mayonesa

• Caliente el horno a 180 °C.

• Mezcle todos los ingredientes; vierta en un molde para pay de 23 cm o en una cacerola de 2 tazas de capacidad.

• Hornee por 20 minutos o hasta que se dore ligeramente. Adorne al gusto. Sirva con totopos, galletas botaneras o rebanadas chicas de pan de centeno.

Rinde unas 2 tazas

De arriba abajo: Fresco Dip a la Jardinera y Quesadillas Fiesta
con Salsa de Fruta (página 37)

Guacamole

2 aguacates maduros medianos, sin hueso, pelados y machacados
⅓ de taza de salsa picante espesa
¼ de taza de crema agria
2 cucharadas de cebolla finamente picada

2 cucharadas de cilantro picado
1 cucharadita de jugo de limón
1 diente de ajo finamente picado
¼ de cucharadita de sal
Totopos

COMBINE el aguacate, la salsa, la crema, la cebolla, el cilantro, el jugo de limón, el ajo y la sal en un tazón mediano. Cubra y refrigere durante 1 hora por lo menos. Sirva con los totopos.

Rinde 2 tazas

Consejo: Este clásico dip se puede comer con tacos, burritos, tamales, chimichangas o, mezclado con salsa picante, como aderezo para ensalada.

Dip para Taco

1 caja (225 g) de queso crema, suavizado
½ taza de crema agria
½ taza de salsa picante para taco
1 cucharadita de chile en polvo
¼ de cucharadita de pimienta roja molida

½ taza de pepino picado
¼ de taza de cebollitas de cambray rebanadas
Lechuga picada, tomate rojo picado, aceitunas negras rebanadas, para adornar
Pretzels

BATA, con la batidora eléctrica a velocidad media, el queso crema y la crema hasta que se incorporen. Integre la salsa para taco, el chile en polvo y la pimienta. Agregue el pepino y la cebolla. Refrigere durante 1 hora por lo menos. Para servir, ponga el dip en el centro de un platón redondo grande; corone con la lechuga, el tomate y las aceitunas. Acomode los pretzels alrededor del dip. Sirva con pretzels adicionales para remojar.

Rinde 2½ tazas

Guacamole

Dip de Aguacate y Frijol Negro en Capas

**2 aguacates maduros medianos,
  sin hueso y pelados**
¼ de taza de mostaza Dijon
2 cucharadas de jugo de limón
**¼ de taza de cebolla morada
  picada**
1 diente de ajo machacado
**1 a 2 cucharaditas de sazonador
  picante líquido**
1 cucharadita de cilantro picado

**1 lata (450 g) de frijoles (judías)
  negros, enjuagados y
  escurridos**
½ taza de crema agria
½ taza de tomate rojo picado
**Queso cheddar rallado,
  aceitunas negras sin hueso
  rebanadas**
**Crema agria adicional, para
  adornar**
Totopos

En el vaso de la licuadora, combine el aguacate, la mostaza y el jugo de limón. Agregue la cebolla, el ajo, el sazonador picante y el cilantro.

En un tazón mediano, machaque los frijoles; revuelva con ½ taza de crema. Distribuya el frijol en un tazón. Vierta la mezcla de aguacate sobre la capa de frijol. Corone con el tomate, el queso y las aceitunas. Adorne con crema adicional. Sirva con totopos.

Rinde de 6 a 8 porciones de botana

Queso Brie con Nuez y Miel

¼ de taza de miel
¼ de taza de nuez poco picada
1 cucharada de brandy (opcional)

**1 pieza de queso Brie (420 g)
  (de unos 12.5 cm de diámetro)**

En un recipiente chico, mezcle la miel, la nuez y el brandy, si lo desea. Ponga el queso en un refractario redondo grande o en un molde para pay de 23 cm. Hornee a 240 °C de 4 a 5 minutos o hasta que el queso se suavice. Rocíe la mezcla de miel sobre el queso. Hornee de 2 a 3 minutos más o hasta que la miel esté bien caliente. *No deje que se derrita el queso.* *Rinde de 16 a 20 porciones*

Verduras Asadas con Salsa de Aceituna

Verduras Asadas con Salsa de Aceituna

2 mazorcas de maíz medianas, en trozos de 2.5 cm
2 calabazas pattypan amarillas grandes, poco picadas
1 calabacita mediana, en rebanadas delgadas
Aceite vegetal
¼ de taza de mantequilla o margarina
6 aceitunas verdes con pimiento, finamente picadas
1 cucharada de jugo de limón
¼ de cucharadita de perejil seco
1 recipiente (450 g) de queso cottage

Prepare el asador para cocción directa. Rocíe la parrilla del asador con aceite en aerosol. Acomode el maíz, las calabazas y la calabacita sobre la parrilla; barnícelos con aceite, y sazónelos con sal y pimienta al gusto.

Ase sobre el carbón, con el asador tapado, por 10 minutos o hasta que las verduras estén suaves; voltéelas a la mitad del tiempo de asado. Retírelas del asador y consérvelas calientes.

En un recipiente para microondas chico, derrita la mantequilla a temperatura ALTA. Incorpore las aceitunas, el jugo de limón y el perejil.

Coloque las verduras en un platón; rocíelas con 2 cucharadas de la salsa de aceituna. Sirva con queso cottage y el resto de la salsa de aceituna. *Rinde 4 porciones*

Pay de Queso Sureño

1 taza de totopos finamente
   machacados
3 cucharadas de mantequilla o
   margarina, derretida
2 cajas (225 g) de queso crema,
   suavizado
2 huevos
225 g de queso para fundir rallado
1 lata (120 g) de chiles verdes,
   picados y escurridos

1 taza de crema agria
1 taza de pimiento morrón
   amarillo o naranja picado
½ taza de cebollín rebanado
⅓ de taza de tomate rojo picado
¼ de taza de aceitunas maduras
   sin hueso, rebanadas

• Caliente el horno a 160 °C.

• En un recipiente chico, combine los totopos con la mantequilla; presione la mezcla en el fondo de un molde de 23 cm con desmoldador. Hornee por 15 minutos.

• En el tazón grande de la batidora eléctrica, bata a velocidad media el queso crema y los huevos hasta que se incorporen. Añada el queso rallado y el chile; vierta sobre la base. Hornee por 30 minutos.

• Distribuya la crema sobre el pay de queso. Afloje el aro del molde; deje enfriar antes de quitar el aro. Refrigere.

• Poco antes de servir, corone con el resto de los ingredientes.

Rinde de 16 a 20 porciones de entremés

Tiempo de Preparación: 20 minutos más el de enfriado

Tiempo de Cocción: 30 minutos

Sugerencia: Para hacer un diseño atractivo encima del pay, corte 3 diamantes en una hoja de papel. Acomode el diseño sobre el pay. Distribuya el cebollín alrededor de los diamantes. Retire los moldes de papel; rellene los huecos con el pimiento. Ponga tiras de tomate en el centro. Adorne con las aceitunas.

Pay de Queso Sureño

Brie al Pesto

Brie al Pesto

2 cucharadas de mostaza Dijon
2 cucharadas de salsa al pesto
   preparada
1 pieza de queso Brie (225 g)
2 cucharadas de nuez finamente
   picada

Tomate rojo picado y hojas
   de albahaca fresca,
   para adornar
Galletas botaneras o palitos
   de pan

En un recipiente chico, mezcle la mostaza y el pesto. Corte el queso horizontalmente a la mitad. Ponga la mitad inferior en una charola para hornear engrasada, con el lado cortado hacia arriba; unte encima la mitad del pesto. Tape con la otra mitad del queso, con la parte cortada hacia abajo; unte encima el pesto restante y espolvoree con nuez.

Hornee a 180 °C de 3 a 4 minutos o hasta que el queso esté ligeramente suavizado. *No hornee de más.* Pase a un platón. Adorne con el tomate y la albahaca. Sirva con galletas o palitos de pan. *Rinde de 6 a 8 porciones de entremés*

Pay de Queso al Pesto

BASE

1 taza de pan molido
½ taza de piñones tostados o
  nueces, finamente picados

3 cucharadas de mantequilla o
  margarina derretida

RELLENO

2 tazas (435 g) de queso ricotta
  light
½ taza de crema y leche a partes
  iguales
2 cucharadas de harina de trigo

½ cucharadita de sal
2 huevos
⅓ de taza de Salsa al Pesto Casera
  (receta más adelante) o
  preparada

Caliente el horno a 180 °C. Engrase ligeramente el costado de un molde de 20 cm con desmoldador.

Combine el pan molido, los piñones y la mantequilla; revuelva hasta que se incorporen. Presione en el fondo del molde. Refrigere hasta el momento de usarse.

En el tazón de la batidora, mezcle el queso ricotta, la crema con leche, la harina y la sal. Bata a velocidad media hasta que se incorporen. Agregue los huevos, uno a la vez; bata hasta que se incorporen. Vierta en la base. Ponga cucharadas de pesto sobre la mezcla de queso. Con suavidad, revuelva con un cuchillo para dar un efecto marmoleado.

Hornee por 45 minutos o hasta que el centro empiece a cuajarse; apague el horno. Deje enfriar en el horno, con la puerta abierta, por 30 minutos. Retire del horno. Deje enfriar completamente sobre una rejilla. Corte en rebanadas delgadas antes de servir.

Rinde 10 porciones

Salsa al Pesto Casera: En el procesador de alimentos o en la licuadora, pique 1 diente de ajo. Agregue ½ taza de hojas de albahaca y 1 cucharada de piñones tostados o nueces. Procese hasta que se incorporen; limpie una vez el costado del recipiente. Con el motor encendido, vierta 2 cucharadas de aceite de oliva; procese hasta que se integre. Añada ¼ de taza (30 g) de queso parmesano rallado; procese justo hasta que se mezcle el queso.

29

Tortitas de Lenteja con Salsa de Coco-Mango

1¼ tazas de lentejas secas sin cocer, sin basura y enjuagadas
Salsa de Coco-Mango (página 31)
1 cebolla chica picada
2 dientes de ajo picados
½ cucharadita de comino
¼ de cucharadita de sal
¼ de cucharadita de pimienta negra

⅛ de cucharadita de salsa picante
1 zanahoria chica rallada
¼ de taza de harina de trigo
1 huevo
2 cucharadas de aceitunas negras sin hueso, picadas
Aceite vegetal

Coloque las lentejas en una cacerola de 2 litros de capacidad; cúbralas con 5 cm de agua. Deje hervir; reduzca el fuego a bajo. Tape y hierva de 30 a 40 minutos o hasta que estén suaves; escúrralas. Distribuya las lentejas en una charola para hornear forrada con toallas de papel. Déjelas reposar por unos 20 minutos o hasta que estén frías y gran parte de la humedad se haya absorbido. Mientras tanto, prepare la Salsa de Coco-Mango.

En el procesador de alimentos, ponga la mitad de la lenteja, la cebolla, el ajo, el comino, la sal, la pimienta y la salsa; procese hasta que se combinen (la mezcla quedará espesa). Agregue la zanahoria, la harina, el huevo y las aceitunas. Procese pulsando el botón de encendido/apagado hasta que se incorporen; vierta en un tazón grande. Añada la otra mitad de las lentejas; revuelva con una cuchara.

Cubra el fondo de una sartén grande con aceite. Caliéntela a fuego medio-alto. Con 2 cucharadas de la mezcla de lenteja, forme una tortita. Repita el procedimiento con el resto de la mezcla de lenteja. Fría las tortitas a fuego medio de 6 a 7 minutos de cada lado hasta que se doren por ambos lados; agregue más aceite si es necesario. Sirva con la Salsa de Coco-Mango.

Rinde de 4 a 6 porciones

Salsa de Coco-Mango

½ taza de coco rallado
½ taza de cilantro fresco
2 cucharadas de jengibre fresco

2 cucharadas de jugo de limón
1 cucharada de agua
½ taza de mango picado

En el procesador de alimentos, coloque todos los ingredientes, excepto el mango; procese hasta picar finamente. Incorpore el mango. Tape; refrigere hasta por 4 horas antes de servir.

Rinde ½ taza

Bola de Queso con Tomate Deshidratado

225 g de queso crema,* suavizado
1 taza de queso cheddar rallado
(120 g)
⅓ de taza de mostaza Dijon
1 cucharadita de albahaca seca
1 diente de ajo machacado
½ cucharadita de cebolla en polvo

¼ de taza de tomates
deshidratados** finamente
picados
⅓ de taza de nuez tostada y picada
Galletas botaneras, palitos de
pan y tostaditas de bagel

En el tazón grande de la batidora, bata a velocidad media los quesos, la mostaza, la albahaca, el ajo y la cebolla en polvo hasta que se mezclen, sin que se incorporen. Añada el tomate. Con la mezcla, forme una bola de 13 cm; envuélvala y refrigérela por 1 hora. Ruede la bola de queso sobre la nuez picada. Envuélvala y refrigérela hasta el momento de servir.

Sirva como pasta para untar con galletas, palitos de galleta y bagels.

Rinde una bola de queso de 450 g

Puede sustituir el queso crema regular por queso crema bajo en grasa.

**Si el tomate deshidratado está muy seco, suavícelo en agua caliente durante 15 minutos. Escúrralo antes de usarlo.*

Falafel con Salsa Tahini con Ajo

¾ de taza de garbanzo seco sin
    cocer, sin basura y enjuagado
½ taza de bulgur sin cocer
    Salsa Tahini con Ajo (página 33)
1½ tazas de pan de trigo entero
    desmoronado
½ taza de agua
¼ de taza de jugo de limón

3 cucharadas de cilantro fresco
    picado
2 dientes de ajo picados
1 cucharadita de comino molido
½ cucharadita de sal
½ cucharadita de pimienta roja
    machacada
Aceite vegetal

Para remojar rápido el garbanzo, póngalo en una cacerola mediana; cúbralo con 10 cm de agua. Déjelo hervir y cueza por 2 minutos. Retire del fuego; tápelo. Deje reposar por 1 hora; enjuáguelo y escúrralo. Colóquelo en la cacerola y cúbralo con 4 tazas de agua. Deje hervir; reduzca el fuego a bajo. Tape y cueza por 2 horas o hasta que esté suave. Enjuague y escurra. Mientras tanto, prepare el bulgur siguiendo las instrucciones de la envoltura. Prepare la Salsa Tahini con Ajo.

Ponga el pan en un molde para hornear. Vierta encima ½ taza de agua y deje reposar por 15 minutos o hasta que se absorba el agua. Exprima el pan.

En el procesador de alimentos, coloque el garbanzo, el jugo de limón, el cilantro, el ajo, el comino, la sal y la pimienta; procese hasta que se incorporen. Ponga el pan y el bulgur en el procesador de alimentos; procese hasta que se mezclen. Con la mezcla, forme bolas de 4 cm de diámetro. Acomódelas sobre una charola para hornear forrada con papel encerado. Déjelas secar a temperatura ambiente durante 1 hora.

En una sartén grande, caliente de 5 a 8 cm de aceite a fuego medio-alto. Con cuidado, añada el falafel; fríalo de 3 a 3½ minutos hasta que se dore. Retire el falafel con una espumadera y escúrralo sobre toallas de papel. Sirva con la Salsa Tahini con Ajo.

Rinde de 8 a 10 porciones

Falafel con Salsa Tahini con Ajo

Salsa Tahini con Ajo

½ taza de yogur natural
¼ de taza de tahini*
3 cucharadas de agua
2 cucharadas de jugo de limón

1 diente de ajo picado
½ cucharadita de comino
Sal y pimienta negra al gusto

En un tazón chico, combine todos los ingredientes. Revuelva con un batidor de alambre hasta que se incorporen. Cubra; refrigere por 1 hora. *Rinde más o menos 1 taza*

*El tahini es una pasta espesa hecha de semillas de ajonjolí (sésamo) molidas; se utiliza en la cocina del Medio Oriente.

Empanadas Condimentadas

1 lata (250 g) de garbanzo,
   escurrido
1 cucharadita de aceite vegetal
¼ de taza de cebolla fresca picada
2 cucharadas de pimiento morrón
   verde picado
¼ de cucharadita de ajo en polvo
   con perejil
2 cucharadas de grosella
2 cucharadas de aceitunas sin
   hueso, picadas

1 sobre (30 g) de especias y
   sazonador para taco
1 cucharadita de jugo de limón
¼ de taza (30 g) de queso para
   fundir rallado
Harina de trigo
1 hoja de pasta hojaldrada,
   descongelada
1 yema de huevo, batida

Caliente el horno a 200 °C. En el procesador de alimentos o en la licuadora, coloque el garbanzo. Pulse por 30 segundos para picarlo finamente. En una sartén grande, caliente el aceite. Agregue la cebolla, el pimiento y el ajo en polvo con perejil; saltee de 3 a 4 minutos o hasta que las verduras estén suaves. Incorpore el garbanzo, la grosella, las aceitunas, el sazonador y el jugo de limón; cueza hasta que la mezcla se espese; revuelva de vez en cuando. Retire del fuego; añada el queso. En una superficie ligeramente enharinada, extienda la pasta hojaldrada hasta formar un rectángulo de unos 45×25 cm; corte de seis a ocho círculos (de 10 cm). Sobre cada círculo, sirva cantidades iguales del relleno; doble la pasta por la mitad. Presione las orillas con un tenedor para sellarlas. Acomode las empanadas sobre una charola para hornear engrasada; barnícelas con la yema de huevo. Hornee de 18 a 20 minutos o hasta que estén doradas. Adórnelas al gusto.

Rinde de 6 a 8 empanadas

Presentación: *Son deliciosas con salsa, crema agria y rebanadas de aguacate pelado.*

Sugerencia: *Si necesita más empanadas, puede duplicar la receta.*

Empanadas Condimentadas

Bruschetta Dijon

Bruschetta Dijon

¼ de taza de aceite de oliva
1 diente de ajo picado
18 rebanadas de pan francés (de 0.6 cm de grosor)
1½ tazas de berenjena picada
½ taza de cebolla picada
½ taza de pimiento morrón rojo, amarillo o verde, en cubos
1 taza de tomate rojo picado
¼ de taza de mostaza Dijon
¼ de taza de aceitunas sin hueso, picadas
1 cucharadita de orégano seco
2 cucharadas de queso parmesano rallado
Perejil picado, para adornar

Mezcle 2 cucharadas de aceite con el ajo. Acomode las rebanadas de pan sobre charolas para hornear; barnícelas con la mezcla de aceite. En una sartén grande a fuego medio, saltee la berenjena, la cebolla y el pimiento en el aceite restante hasta que se suavicen. Incorpore el tomate; cueza por 2 minutos. Agregue la mostaza, las aceitunas y el orégano; caliente bien.

Ase las rebanadas de pan durante 1 minuto o hasta que se doren. Corone cada rebanada con más o menos 1 cucharada de la mezcla de verduras. Espolvoree con el queso parmesano; adorne con perejil. Sírvalas calientes.

Rinde 18 entremeses

Quesadillas Fiesta con Salsa de Fruta

300 g de gajos de mandarina,
  finamente picados y escurridos
1 cucharada de cilantro o perejil
  fresco picado
1 cucharada de jugo de limón
4 tortillas de harina de trigo
  integral o de harina (de 20 cm)
¾ de taza (90 g) de queso
  mozzarella o cheddar bajo
  en grasa, rallado

⅔ de taza de dátiles sin hueso o
  ciruela sin hueso, finamente
  picados
⅓ de taza de queso feta
  desmenuzado
2 cucharadas de cebollín picado

• **Combine** los gajos de mandarina, el cilantro y el jugo de limón en un recipiente chico, para hacer la salsa.

• **Ponga** 2 tortillas en una charola grande para hornear. Distribuya la mitad del queso rallado, de los dátiles, del queso feta y del cebollín sobre cada tortilla; deje libre 1 cm de la orilla; cubra con las tortillas restantes.

• **Hornee** a 190 °C de 5 a 8 minutos o hasta que esté caliente. Corte cada quesadilla en 6 rebanadas.

• **Escurra** la salsa antes de servirla, si gusta; sirva sobre las quesadillas calientes. Adorne con ramas de cilantro frescas, si lo desea. *Rinde 6 porciones*

Tiempo de Preparación: 15 minutos   **Tiempo de Horneado:** 8 minutos

Quesadillas con Cebolla

1 cebolla grande (de 400 a 450 g), en rebanadas delgadas
1 cucharada de mantequilla o margarina
6 tortillas de harina (de 20 cm)
2 tazas (225 g) de queso cheddar rallado
120 g de queso feta desmoronado (opcional)
Salsa de Cebolla-Piña (receta más adelante)
Crema agria

En una sartén mediana, saltee la cebolla en la mantequilla hasta que se dore. Distribúyala uniformemente entre 3 tortillas y coloque encima los quesos, si lo desea. Corone con las 3 tortillas restantes. Acomode en la parrilla del asador sobre carbón a temperatura media, o en una sartén grande a fuego medio; cueza hasta que se dore un poco la parte inferior. Con cuidado, voltéelas y deje que se doren ligeramente. Retire del asador o de la sartén y corte en rebanadas. Acompañe con la Salsa de Cebolla-Piña y crema agria. *Rinde 6 porciones de entremés*

Salsa de Cebolla-Piña

1 taza de cebolla picada
1 taza de pimiento morrón rojo y/o verde picado
1 taza de piña picada
2 cucharaditas de cilantro fresco picado
Sal al gusto

En un recipiente mediano, combine todos los ingredientes; revuelva bien. Cubra y refrigere por varias horas para que se mezclen los sabores. *Rinde 3 tazas*

Bruschetta al Pomodoro con Dos Quesos

1 hogaza (450 g) de pan italiano
   campestre, en 12 rebanadas
   diagonales (de 2.5 cm)
2 cucharaditas de ajo picado
⅓ de taza de aceite de oliva extra
   virgen
¼ de cucharadita de pimienta roja
   machacada
4 tomates rojos maduros grandes,
   en rebanadas delgadas a lo
   ancho

1 cebolla morada mediana,
   en trozos
⅓ de taza de albahaca picada *o*
   1 cucharada de albahaca seca
   Vinagre de vino tinto
½ taza (60 g) de queso mozzarela
   sin grasa, rallado
¼ de taza (30 g) de queso
   parmesano sin grasa, rallado

1. Caliente el asador. Coloque las rebanadas de pan en una sola capa en una charola para hornear; tuéstelas por ambos lados. De inmediato, frote un lado de cada rebanada con el ajo.

2. En una cacerola chica, caliente el aceite y la pimienta a fuego medio. Barnice la parte superior de cada rebanada con aceite.

3. Corone cada bruschetta con 2 o 3 rebanadas de tomate; después agregue unos cuantos trozos de cebolla y albahaca. Rocíe cada rebanada con unas gotas de vinagre.

4. Espolvoree las bruschettas con los quesos mozzarella y parmesano. Ase a 15 cm de la fuente de calor por 4 minutos o hasta que el queso burbujee.   *Rinde 12 porciones*

Panecillos de Cebolla y Ajonjolí

2 cucharadas de mantequilla o margarina
1½ tazas de cebolla finamente picada
¼ de cucharadita de pimentón
Aceite en aerosol

450 g de masa para pan, descongelada
1 huevo, batido
1 cucharada de semillas de ajonjolí (sésamo)

1. Engrase una charola grande para hornear. En una sartén mediana, derrita la mantequilla a fuego medio hasta que esté espumosa. Agregue la cebolla y el pimentón; fría hasta que la cebolla esté suave; revuelva de vez en cuando. Retire del fuego.

2. Rocíe la superficie de trabajo con aceite en aerosol. Extienda la masa y forme un rectángulo de 35×30 cm.

3. Distribuya la mezcla de cebolla sobre la masa. Doble la masa sobre la mezcla de manera que se forme un rectángulo de 35×15 cm.

4. Pellizque el lado de 35 cm para sellar la masa. Corte la masa en 14 tiras de 15×2.5 cm.

5. Con delicadeza, tuerza dos veces las tiras de masa y colóquelas sobre la charola engrasada. Presione ambos extremos de las tiras sobre la charola. Repita con el resto de las tiras.

6. Cúbralas con una toalla. Deje que la masa levante en un lugar tibio por unos 40 minutos o hasta que duplique su volumen. Barnícelas con el huevo; espolvoréelas con las semillas de ajonjolí.

7. Caliente el horno a 190 °C. Hornee de 15 a 18 minutos o hasta que se doren. Sirva de inmediato.

Rinde 14 panecillos

Panecillos de Cebolla y Ajonjolí

Cuadros de Verduras Asadas y Queso

360 g de queso Jarlsberg light
 rallado
1½ cucharaditas de tomillo seco
 desmenuzado
½ cucharadita de mostaza seca
½ cucharadita de pimienta negra
 finamente molida
1 papa (patata) grande pelada

½ nabo chico pelado
2 a 3 zanahorias medianas
 peladas
8 a 10 chalotes chicos (o de 4 a
 5 grandes) pelados y en
 rebanadas delgadas
6 dientes grandes de ajo picados
½ taza de consomé o agua

Caliente el horno a 220 °C. Con papel de aluminio, forre un molde para horno de
43×28 cm. Rocíe con aceite en aerosol.

En un tazón, mezcle el queso, el tomillo, la mostaza y la pimienta.

Con el lado para rallar de un rallador (o con el disco para rebanar de un procesador de
alimentos), corte la papa, el nabo y la zanahoria en rebanadas muy finas. Revuelva las
verduras con el chalote y el ajo, y distribuya en el molde.

Cubra con la mezcla de queso; rocíe con el consomé. Hornee por 40 minutos. Corte en
cuadros; sírvalos calientes o tibios. Las verduras deben estar tostadas en la parte inferior,
suaves en el centro y el queso debe estar tostado en la parte superior.

Rinde 72 cuadros de bocadillos

Cuadros de Quiché Fronterizos

Cuadros de Quiché Fronterizos

1 paquete (225 g) de masa para
    bollos refrigerada
1½ tazas (180 g) de queso para
    fundir rallado
½ taza de chiles verdes picados
½ taza de cebolla picada
4 huevos, batidos
1 taza de leche

⅓ de taza de mostaza Dijon
1 cucharada de cilantro o perejil
    picado
½ cucharadita de chile en polvo
    Tomate rojo picado y pimientos
    morrones amarillo y verde,
    para adornar

Extienda la masa. Acomódela para que cubra la base y 2.5 cm de los costados de un
molde para hornear engrasado de 33×23×5 cm. Hornee la base a 190 °C de 5 a
8 minutos o hasta que se dore un poco. Retire del horno; espolvoree con la mitad del
queso. Corone con el chile, la cebolla y el resto del queso.

En un recipiente mediano, mezcle el huevo, la leche, la mostaza, el cilantro y el chile en
polvo. Vierta la mezcla uniformemente sobre la capa de queso. Hornee a 190 °C de 25 a
30 minutos o hasta que cuaje. Deje enfriar por 5 minutos. Adorne con el tomate y el
pimiento; corte en cuadros de 5 cm. Sírvalos calientes. *Rinde 24 cuadros*

Tomates Rellenos a las Hierbas

15 tomates cherry
½ taza de queso cottage bajo en grasa
1 cucharada de cebollín, en rebanadas delgadas
1 cucharadita de perifollo fresco picado o ¼ de cucharadita de perifollo seco machacado
½ cucharadita de eneldo fresco picado o ⅛ de cucharadita de eneldo seco
⅛ de cucharadita de lemon pepper (especia)

Corte una rebanada delgada de la parte superior de cada tomate. Saque la pulpa con una cuchara chica; deséchela. Ponga los tomates invertidos sobre toallas de papel para que escurran.

En un recipiente chico, mezcle el queso cottage, el cebollín, el perifollo, el eneldo y el lemon pepper. Rellene los tomates. Sirva en ese momento o tape y refrigere hasta por 8 horas.

Rinde 15 tomates rellenos

Bruschetta Gilroy

1 baguette de pan francés, en rebanadas de 0.6 cm de grosor
6 a 8 tomates rojos maduros picados
½ taza de queso romano rallado
4 cucharadas de aceite de oliva
2 cucharadas de albahaca fresca picada
3 dientes de ajo finamente picados
Sal y pimienta al gusto

En el asador, tueste las rebanadas de pan por ambos lados hasta que se doren. Combine el tomate, el queso, el aceite, la albahaca y el ajo. Unte la mezcla en las rebanadas de pan y sirva.

Rinde unas 6 porciones

Tomates Rellenos a las Hierbas

Mozzarella y Verduras Marinados

MOZZARELLA Y VERDURAS

3 huevos

1¾ tazas de pan molido sazonado

450 g de queso mozzarella, en tiras de 0.6 cm

1 calabacita mediana, en tiras de 0.6 cm (más o menos 1 taza)

1 pimiento morrón rojo o verde mediano, en tiras de 0.6 cm (más o menos 1 taza)

Aceite de oliva o vegetal

SALSA MARINARA

1 cucharada de aceite de oliva o vegetal

½ taza de cebolla picada

1 diente de ajo picado

2 tazas (lata de 435 g) de salsa de tomate

1 cucharada de albahaca fresca picada *o* 1 cucharadita de albahaca seca machacada

⅛ de cucharadita de hojuelas de pimienta roja machacada

Para el Mozzarella y las Verduras: En un recipiente poco profundo, bata los huevos. En otro recipiente, ponga el pan molido. Remoje el queso y las verduras en el huevo, y empanícelos. Repita el procedimiento en el huevo y el pan para cubrir de nuevo. Vierta suficiente aceite en una sartén mediana para tener 2.5 cm de profundidad. Caliente el aceite. Fría el queso y las verduras empanizadas, unas cuantas piezas a la vez, hasta que se doren. Retírelas del aceite con una espumadera. Escúrralas sobre toallas de papel. Repita el procedimiento con el queso y las verduras restantes. Sirva con la Salsa Marinara.

Para la Salsa Marinara: En una cacerola chica, caliente el aceite. Agregue la cebolla y el ajo; saltee por 1 minuto. Vierta la salsa de tomate, la albahaca y la pimienta. Deje hervir. Reduzca el fuego a bajo; deje cocer, sin tapar, por 10 minutos; revuelva de vez en cuando. Sírvala caliente.

Rinde 12 porciones

Rollos de Tortilla y Frijol Negro

1 caja (225 g) de queso crema, suavizado
1 taza de crema agria
1 taza (120 g) de queso para fundir rallado
¼ de taza de aceitunas verdes rellenas de pimiento, bien escurridas y picadas

¼ de taza de cebolla morada picada
½ cucharadita de sal sazonada
⅛ de cucharadita de ajo en polvo
1 lata (435 g) de frijoles (judías) negros, escurridos
5 tortillas de harina (de 25 cm)
Salsa

Combine el queso crema y la crema; revuelva bien. Incorpore el queso, las aceitunas, la cebolla y los sazonadores. Enfríe por 2 horas.

En el procesador de alimentos o en la licuadora, haga puré los frijoles. Unte las tortillas con una capa delgada de frijoles. Distribuya la mezcla de queso sobre el frijol. Enrolle apretado; refrigere. Corte en rebanadas de 2 cm. Sirva con la salsa.

Rinde de 12 a 16 porciones

Pan con Tomate a la Italiana

3½ tazas (2 latas de 420 g) de tomate en trozos con tres quesos, escurridos
¼ de taza de cebollín rebanado

1 hogaza (450 g) de pan italiano o francés
1½ tazas (180 g) de queso mozzarella rallado

En un recipiente mediano, combine el tomate y el cebollín. Corte el pan por la mitad a lo largo. Retire el migajón; deje una corteza de 2.5 cm de grosor; guarde el migajón para otro uso. Sirva la mezcla de tomate equitativamente en las cortezas; corone con el queso. Acomode en una charola para hornear sin engrasar. Hornee a 230 °C de 5 a 8 minutos o hasta que se caliente bien y el queso se derrita. Corte en rebanadas diagonales de 2.5 cm.

Rinde unos 24 entremeses

Espárragos Fríos con Aderezo Limón-Mostaza

12 espárragos frescos
2 cucharadas de mayonesa sin grasa
1 cucharada de mostaza oscura dulce

1 cucharada de jugo de limón
1 cucharadita de ralladura de cáscara de limón

1. Cueza los espárragos al vapor hasta que estén suaves y verde brillante; de inmediato, escúrralos y colóquelos bajo el chorro de agua fría. Tape y refrigere hasta que estén fríos.

2. En un recipiente chico, combine la mayonesa, la mostaza y el jugo de limón; revuelva bien. Incorpore ½ cucharadita de ralladura.

3. Divida los espárragos entre 2 platos. Sobre cada porción, sirva 2 cucharadas del aderezo y espolvoree con ¼ de cucharadita de ralladura. Adorne con tiras de zanahoria y flores comestibles, como pensamientos, violetas o mastuerzos, si lo desea.

Rinde 2 porciones de entremés

Botana Mixta

3 tazas de maní salado
3 tazas de totopos
3 tazas de trigo rallado
2 tazas de pretzels con sal

1 sobre (30 g) de sazonador para taco en polvo
¼ taza (½ barra) de mantequilla o margarina, derretida

COMBINE el maní, los totopos, el trigo rallado, los pretzels, el sazonador y la mantequilla en un recipiente grande. Revuelva bien para bañar los ingredientes.

Rinde unas 20 porciones

Consejo: Ésta es una mezcla muy adecuada para fiestas o como refrigerio para el almuerzo. Guarde en un recipiente hermético de plástico o en una bolsa de plástico con cierre.

Espárragos Fríos con Aderezo Limón-Mostaza

SATISFACTORIOS SOPAS Y GUISADOS

Gazpacho

3 tazas de jugo de tomate
4 tomates rojos picados
1 pimiento morrón verde picado
1 pepino picado
1 taza de apio picado
1 taza de cebollín picado
3 cucharadas de vinagre de vino tinto

2 cucharadas de aceite de oliva
1 cucharada de perejil fresco picado
1 a 2 cucharaditas de sal
1 diente de ajo finamente picado
Pimienta negra recién molida o salsa picante

En un recipiente grande, combine el jugo de tomate, los tomates, el pimiento, el pepino, el apio, el cebollín, el vinagre, el aceite de oliva, el perejil, la sal y el ajo. Tape; refrigere durante varias horas o por toda la noche antes de servir. Sazone al gusto con pimienta o salsa picante. Sírvalo frío.

Rinde de 10 a 12 porciones

Gazpacho

Sopa de Arroz Salvaje

Sopa de Arroz Salvaje

½ taza de lentejas
3 tazas de agua
1 bolsa (180 g) de mezcla de arroz
   de grano largo y salvaje
420 ml de caldo de verduras

1 bolsa (285 g) de verduras mixtas
   congeladas
1 taza de leche descremada
½ taza (60 g) de queso amarillo
   bajo en grasa, en trozos

1. Limpie y enjuague las lentejas; deseche las basurillas y las lentejas manchadas. En una cacerola chica, ponga las lentejas con el agua. Deje hervir; reduzca el fuego a bajo. Deje cocer, tapado, por 5 minutos. Deje reposar, tapado, por 1 hora. Escurra y enjuague las lentejas.

2. En una cacerola mediana, cueza el arroz siguiendo las instrucciones de la bolsa. Agregue las lentejas y el resto de los ingredientes. Ponga a hervir; reduzca el fuego a bajo. Deje cocer, sin tapar, por 20 minutos. Adorne al gusto. *Rinde 6 porciones*

Guisado Indio de Maíz

½ taza de cebolla picada
1 diente de ajo picado
2 cucharadas de mantequilla o
    margarina
6 tomates rojos medianos
    (unos 900 g), pelados,
    descorazonados y en octavos
    o 1 lata de tomate (840 g),
    sin escurrir
2 tazas de hojuelas de maíz
2½ cucharaditas de azúcar*

2 cucharaditas de sal sazonada
1 cucharadita de orégano
    machacado
1 hoja de laurel
2 mazorcas de maíz, peladas y en
    cuartos
2 calabacitas chicas, en rebanadas
    de 0.5 cm de grosor
    (1½ tazas)
1 pimiento morrón verde chico, en
    trozos grandes (1 taza)

En una cacerola grande, saltee la cebolla y el ajo en la mantequilla, por unos 5 minutos o hasta que se suavicen. Agregue el tomate, el cereal, el azúcar y los sazonadores. Parta los tomates. Caliente hasta que hierva. Reduzca el fuego; tape y deje cocer por 10 minutos; revuelva con frecuencia.

Incorpore el resto de las verduras. Vuelva a hervir; tape y deje cocer de 15 a 20 minutos o hasta que estén suaves; revuelva de vez en cuando. Retire la hoja de laurel antes de servir.
Rinde 8 porciones (unas 7 tazas)

Si utiliza tomate de lata, reduzca la cantidad de azúcar a 2 cucharaditas.

Sopa de Verdura con Tortilla

1 taza de alubias secas, limpias y enjuagadas
3 tazas de agua
1 cucharadita de sal
450 g de poros (puerros) (unos 2), en trozos de 1.5 cm
340 g de papas (patatas) nuevas sin pelar
2 tazas de champiñón botón rebanado
1½ tazas de zanahoria, en rebanadas delgadas
6 tazas de Caldo de Verduras (página 74)
1½ cucharaditas de tomillo seco
1 hoja de laurel
½ cucharadita de pimienta negra molida
2 tortillas de maíz (de 15 cm de diámetro)
2 cucharaditas de aceite de oliva
¼ de cucharadita de sal de ajo
2 tomates rojos medianos, sin semillas y picados

En una olla grande, ponga la alubia. Agregue el agua y deje hervir a fuego alto. Tape y retire del fuego. Deje reposar por 30 minutos. Vuelva a hervir a fuego alto. Reduzca el fuego a bajo; tape y deje cocer por 30 minutos; espolvoree con ½ cucharadita de sal. Tape y deje cocer por 1 hora más; escurra.

En una olla grande, coloque el poro, la papa, el champiñón, la zanahoria, el caldo, el tomillo, la hoja de laurel, la sal restante y la pimienta. Deje hervir a fuego alto. Reduzca el fuego a bajo; tape y deje cocer por 25 minutos. Añada la alubia y cueza durante 5 minutos. Retire y deseche la hoja de laurel.

Mientras tanto, caliente el horno a 220 °C. Barnice con aceite las tortillas por ambos lados; espolvoréelas con la sal de ajo. Córtelas en tiras de 0.5 cm de ancho. Acomódelas en una charola para hornear; hornee de 10 a 12 minutos o hasta que estén crujientes. Deje enfriar. Sirva la sopa en platos hondos; distribuya encima el tomate y la tortilla equitativamente.

Rinde 8 porciones (de 1¼ tazas)

Sopa de Verdura con Tortilla

Frijoles Picantes con Aceitunas

3 cucharadas de melaza
1½ cucharaditas de mostaza seca
1½ cucharaditas de salsa de soya
2 cucharaditas de aceite de oliva
2 zanahorias medianas,
   en rebanadas diagonales
   de 0.5 cm
1 cebolla grande picada
1 cucharada de chile en polvo

3 tomates rojos grandes (675 g)
   picados
1 lata (435 g) de frijoles (judías)
   pintos escurridos
1 lata (435 g) de alubias escurridas
¾ de taza de aceitunas rebanadas
½ taza de yogur natural sin grasa
Hojuelas de pimienta roja
   machacadas

Combine la melaza, la mostaza y la salsa de soya. En una sartén grande, caliente el aceite; agregue la zanahoria, la cebolla, el chile en polvo y ¼ de taza de agua. Cueza, tapado, por unos 4 minutos o hasta que la zanahoria esté casi suave. Destape, cueza y revuelva hasta que el líquido se evapore. Añada la mezcla de melaza, el tomate, el frijol, la alubia y las aceitunas. Cueza, revolviendo con suavidad, por unos 5 minutos o hasta que la mezcla esté caliente y el tomate esté suave. Sirva en tazones; corone con el yogur. Espolvoree encima pimienta roja al gusto.

Rinde 4 porciones

Tiempo de Preparación: Unos 15 minutos   **Tiempo de Cocción:** Unos 10 minutos

Pasta e Fagioli

285 g (1¼ tazas) de alubias secas, limpias y enjuagadas
3¾ tazas de agua fría
⅔ de taza más 3 cucharadas de aceite vegetal
1 hoja de laurel
2 a 3 dientes de ajo
1½ cucharaditas de sal
3 zanahorias, en cubos
2 tallos de apio rebanados

1 cebolla grande picada
1 a 2 dientes de ajo machacados
1 cucharadita de orégano seco machacado
½ cucharadita de albahaca seca machacada
Pimienta
6 a 7 tomates rojos, pelados, en trozos
225 g de conchas de pasta

1. Ponga las alubias en una olla grande; agregue agua fría. Remoje las alubias a temperatura ambiente de 6 a 8 horas o por toda la noche.

2. A las alubias remojadas agrégueles ⅔ de taza de aceite, la hoja de laurel, los dientes de ajo enteros y la sal. Cueza hasta que las alubias estén suaves, de 2 a 3 horas; revuelva de vez en cuando. Escurra las alubias; conserve 1½ tazas del líquido de cocción. Retire la hoja de laurel y los dientes de ajo.

3. En una sartén grande, caliente 3 cucharadas de aceite. Agregue la zanahoria, el apio y la cebolla; fríalos hasta que estén suaves. Añada el ajo machacado y los sazonadores; deje cocer por 30 minutos. Incorpore el tomate; cueza durante 10 minutos.

4. Cueza la pasta en agua hirviente hasta que esté suave; escúrrala. Mezcle las alubias, las verduras y la pasta con el líquido de cocción que conservó. Tape; deje cocer durante 10 minutos, revuelva de vez en cuando.

5. Adorne con perejil fresco picado; sirva con queso parmesano rallado.

Rinde de 6 a 8 porciones

Nutritivo Guisado de Lenteja

2 cucharadas de aceite de oliva o vegetal
3 zanahorias medianas rebanadas
3 tallos de apio rebanados
1 taza de lentejas
3 tazas de agua

2 cucharadas de ajo en polvo con hierbas
1 cucharada de vinagre de manzana o de vinagre de vino tinto
Arroz integral, couscous o pasta, cocidos y calientes

En una cacerola de 3 litros de capacidad, caliente el aceite a fuego medio y cueza la zanahoria y el apio, revolviendo de vez en cuando, durante 3 minutos. Agregue las lentejas y cueza por 1 minuto. Vierta 2 tazas de agua. Ponga a hervir a fuego alto. Reduzca el fuego a bajo y deje cocer, tapado, durante 25 minutos; revuelva de vez en cuando. Disuelva la cebolla en el agua restante y vierta en la cacerola. Deje cocer, tapado, por 10 minutos más o hasta que las lentejas estén suaves. Incorpore el vinagre. Sirva sobre arroz caliente.

Rinde unas 4 porciones

Crema de Verduras

1 bolsa (450 g) de brócoli en trozos, congelado
2 cucharaditas de mantequilla o margarina

⅓ de taza de apio, cebolla o ambas verduras picadas
1 lata (300 ml) de crema de apio
1¼ tazas de leche o agua
1 cucharada de perejil picado

• Cueza el brócoli siguiendo las instrucciones de la envoltura. En una cacerola, derrita la mantequilla. Agregue el apio; fríalo de 3 a 5 minutos. Incorpore el brócoli, la crema, la leche y el perejil; cueza a fuego medio de 4 a 5 minutos.

Rinde de 4 a 6 porciones

Tiempo de Preparación: 2 a 3 minutos **Tiempo de Cocción:** 8 a 10 minutos

Sopa Vegetariana Picante

Sopa Vegetariana Picante

1 cucharada de aceite vegetal
2 dientes de ajo finamente picados
1½ tazas de champiñón,
　　en rebanadas delgadas
⅔ de taza de cebolla morada picada
⅔ de taza de pimiento morrón rojo
　　picado
2 cucharaditas de chile en polvo
¼ de cucharadita de comino
　　molido
⅛ de cucharadita de pimienta roja

⅛ de cucharadita de orégano seco
840 g de tomate rojo entero pelado
　　cocido
⅔ de taza de habas chicas
　　congeladas
½ taza de frijoles (judías) blancos
　　de lata, enjuagados y
　　escurridos
3 cucharadas de crema agria
3 cucharadas de queso cheddar
　　bajo en grasa, rallado

En una cacerola antiadherente, caliente el aceite. Agregue el ajo; fríalo por 3 minutos. Ponga el champiñón, la cebolla y el pimiento; déjelos cocer por 5 minutos. Incorpore el chile en polvo, el comino, la pimienta y el orégano. Cueza durante 1 minuto. Añada el tomate y el frijol. Reduzca el fuego; deje cocer por 15 minutos; revuelva de vez en cuando. Corone las porciones con la crema y el queso. *Rinde 4 porciones*

Sopa Fría de Pepino y Papa con Remolino de Pimiento

1 pepino grande, pelado y sin
   semillas
1 taza de poro (puerro) picado
1 taza de papa (patata) roja
   pelada, en cubos
1½ tazas de caldo de verduras
1 taza de agua
1 cucharadita de comino molido

1 taza de leche mazada
   (de mantequilla)
½ cucharadita de sal
¼ de cucharadita de pimienta
   blanca molida
Remolino de Pimiento (receta
   más adelante)
Chalote francés para adornar

Corte el pepino por la mitad y luego en cuartos; corte a lo ancho en trozos de 1.5 cm. En una cacerola grande, ponga el pepino, el poro, la papa, el caldo, el agua y el comino. Deje hervir a fuego alto. Reduzca el fuego a bajo. Tape y deje cocer por 20 minutos o hasta que las verduras estén suaves. Deje enfriar. Licue la mezcla de pepino, por tandas, en el procesador de alimentos. Vierta en un recipiente grande. Incorpore la leche, la sal y la pimienta. Tape; refrigere hasta enfriar.

Poco antes de servir, prepare el Remolino de Pimiento. Sirva la sopa en platos hondos; en la sopa vierta cucharadas del Remolino de Pimiento; con un cuchillo, forme los remolinos. Adorne, si lo desea.

Rinde 6 porciones

Remolino de Pimiento

3 tazas de pimiento morrón rojo,
   en cubos
1 chile rojo chico picante seco, sin
   semillas y trozado

½ taza de agua hirviente
1 diente de ajo rebanado
2 cucharaditas de vinagre de vino
   blanco

Caliente el horno a 200 °C. Rocíe una charola para hornear con aceite en aerosol. Ponga ahí los pimientos y el chile seco. Hornee por 30 minutos o hasta que el pimiento esté dorado en las orillas; revuelva después de 15 minutos. Procese los pimientos, el chile, el agua hirviente, el ajo y el vinagre en el procesador de alimentos hasta que se incorporen.

Rinde ¾ de taza

Sopa Fría de Pepino y Papa con Remolino de Pimiento

Gumbo Vegetariano

½ taza de cebolla picada
½ taza de pimiento morrón verde picado
¼ de taza de apio picado
2 dientes de ajo picados
800 g de tomate rojo estofado sin sal, con su jugo
2 tazas de jugo de tomate sin sal
1 lata (435 g) de frijoles (judías) rojos, escurridos y enjuagados

1 cucharada de perejil fresco picado
¼ de cucharadita de orégano seco
¼ de cucharadita de salsa picante
2 hojas de laurel
1½ tazas de arroz integral de cocción rápida
1 bolsa (285 g) de quimbombó (okra) picado, descongelado

1. Con aceite en aerosol, rocíe una olla de 4 litros de capacidad; caliente a fuego medio. Agregue la cebolla, el pimiento, el apio y el ajo. Fría por 3 minutos.

2. Añada el tomate estofado, el jugo, los frijoles, el perejil, el orégano, la salsa picante y las hojas de laurel. Ponga a hervir a fuego alto. Incorpore el arroz. Reduzca el fuego a medio-bajo. Deje cocer, tapado, por 15 minutos o hasta que el arroz esté suave.

3. Agregue el quimbombó; deje cocer, tapado, durante 5 minutos más o hasta que esté suave. Retire y deseche las hojas de laurel. Adorne al gusto.

Rinde 4 porciones (de 2 tazas)

Sopa Fría de Pepino

1 pepino pelado
1 taza de leche mazada (de mantequilla) baja en grasa
2 cucharadas de cebolla morada, finamente picada

1 cucharadita de hojas de menta secas
1 cucharadita de azúcar
Gotas de salsa picante

En el procesador de alimentos, licue todos los ingredientes hasta que se incorporen. Sirva de inmediato o refrigere hasta el momento de servir. *Rinde 2 porciones*

Gumbo Vegetariano

Sopa de Col, Alubia y Cebada

225 g de zanahoria pelada
2 cucharadas de aceite de oliva
1½ tazas de cebolla picada
2 dientes de ajo picados
1½ tazas de champiñón botón
   rebanado
6 tazas de Caldo de Verduras
   (página 74)
2 tazas de cebada cocida
1 lata (450 g) de alubias,
   escurridas y enjuagadas

2 hojas de laurel
1 cucharadita de azúcar
1 cucharadita de tomillo seco
675 g de col verde, lavada, sin tallos
   y picada (unas 7 tazas)
1 cucharada de vinagre de vino
   blanco
Salsa picante
Tiras de pimiento morrón rojo
   para adornar

Corte las zanahorias a lo largo en cuartos; luego a lo ancho en trozos de 0.5 cm. En una olla grande, caliente el aceite a fuego medio. Ponga la zanahoria, la cebolla y el ajo; fríalos por 3 minutos. Agregue los champiñones; fríalos por 5 minutos o hasta que estén suaves.

Incorpore el caldo, la cebada, las alubias, las hojas de laurel, el azúcar y el tomillo. Deje hervir a fuego alto. Reduzca el fuego a bajo. Tape y deje cocer por 5 minutos. Agregue la col; deje cocer durante 10 minutos. Retire y deseche las hojas de laurel. Vierta el vinagre. Sazone al gusto con salsa picante. Adorne, si lo desea.

Rinde 8 porciones (de 1¼ tazas)

Sopa de Frijol Negro

¼ de taza de salsa
1 lata (450 g) de frijoles (judías)
   negros
2 tazas de agua

1 taza de tomate cherry, sin la
   parte superior
1½ cucharaditas de comino molido
1 cucharadita de azúcar

Cuele la salsa y deseche los trozos. Escurra y enjuague los frijoles; aparte 1 cucharada de frijol negro. Procese todos los ingredientes en el procesador de alimentos. Incorpore los frijoles que apartó; refrigere hasta el momento de servir. *Rinde 4 porciones*

Sopa de Col, Alubia y Cebada

Sopa Santa Fe de Arroz Salvaje

2 tazas de granos de maíz, frescos
o congelados
⅓ de taza de cebolla, en cubos
⅓ de taza de zanahoria, en cubos
1.200 litros de caldo de verduras
2 tazas de arroz salvaje cocido
1 lata (120 g) de chile verde
picado
1 cucharadita de chile en polvo

1 cucharadita de comino molido
½ cucharadita de orégano seco
machacado
⅛ de cucharadita de pimienta de
Cayena (o al gusto)
1 cucharada de cilantro poco
picado
Salsa Fresca de Tomate (receta
más adelante)

En una cacerola grande a fuego medio, coloque el maíz, la cebolla, la zanahoria y
400 ml del caldo; deje hervir. Reduzca el fuego y deje cocer de 10 a 15 minutos o hasta
que la cebolla esté suave. Vierta el resto del caldo, el arroz, los chiles, el chile en polvo,
el comino, el orégano y la pimienta. Deje cocer, sin tapar, por unos 5 minutos o hasta
que esté bien caliente. Espolvoree con el cilantro. Corone cada plato con una cucharada
de la Salsa Fresca de Tomate. *Rinde 4 porciones*

Salsa Fresca de Tomate

2 tomates rojos medianos, sin
semillas y en cubos
⅓ de taza de cebollín picado
¼ de taza de cilantro picado

1 cucharadita de jugo de limón o
vinagre de vino tinto
Sal al gusto

Mezcle todos los ingredientes en un tazón mediano. Pruebe para ajustar los sazonadores.

Sopa Totalmente Vegetariana

10 tazas de caldo de verduras
3 cucharadas de sazonador de verduras
1 cebolla grande, pelada y en 8 a 10 gajos
1 papa (patata) grande, pelada, en rodajas de 2.5 cm y en cuartos
2 zanahorias grandes, lavadas, cortadas a lo largo por la mitad y en trozos de 2.5 cm
½ col verde chica, en 4 o 5 gajos

1 pimiento morrón rojo grande, en trozos de 2.5 cm
1 pimiento morrón amarillo grande, en trozos de 2.5 cm
1 nabo mediano, lavado y en 10 gajos
1 rutabaga mediana, pelada y en 10 gajos
4 tallos de bok choy (cardo chino), en trozos diagonales de 2.5 cm
2 tazas de jugo de manzana

En una olla grande de 10 litros de capacidad, caliente 6 tazas del caldo a fuego alto. Deje que hierva; añada el sazonador y una cuarta parte de cada verdura. Cueza hasta que las verduras estén suaves, de 14 a 16 minutos. Cuele las verduras cocidas y conserve el caldo; póngalas en el procesador de alimentos. Licue las verduras hasta que obtenga puré, de 2 a 3 minutos; vierta un poco del caldo si es necesario.

Regrese el puré a la olla; agregue el caldo restante y el jugo de manzana. Revuelva y ponga a hervir. Incorpore el resto de las verduras y deje que la mezcla vuelva a hervir a fuego alto. Reduzca el fuego a medio; tape y deje cocer hasta que las verduras estén suaves cuando las pique con un tenedor, de 25 a 30 minutos. *Rinde 20 tazas*

Fresco Gazpacho Jardinero

BASE PARA SOPA

4 tomates rojos grandes
(unos 900 g)

1 pepino grande, pelado y sin
semillas

½ pieza de pimiento morrón rojo y
verde, sin semillas

½ cebolla morada

3 dientes de ajo

2 cucharadas de albahaca fresca
picada

¼ de taza de salsa de pimienta de
Cayena

¼ de taza de vinagre de vino tinto

3 cucharadas de aceite de oliva

1 cucharadita de sal

ADORNO

2 tazas de verduras picadas, como
tomate rojo, pimiento
morrón, pepino y/o cebollín

Pique las verduras de la Base para Sopa; póngalas con el resto de los ingredientes de la Base para Sopa en el procesador de alimentos o en la licuadora. Tape y procese hasta que se incorporen. (Si es necesario, muela las verduras en tandas.) Pase la sopa a un tazón grande de vidrio. Incorpore las verduras picadas; reserve unas cuantas para adornar, si lo desea. Tape y refrigere por 1 hora antes de servir. Sirva en 6 tazones individuales. Corone con el adorno. *Rinde 6 porciones (unas 6 tazas)*

Tiempo de Preparación: 30 minutos   **Tiempo de Refrigeración:** 1 hora

Consejo: Puede preparar la sopa hasta 2 días antes de servirla.

Fresco Gazpacho Jardinero

Sopa Picante de Verduras

Sopa Picante de Verduras

2 cucharadas de aceite vegetal
1 cebolla mediana picada
2 tallos de apio, en cubos
1 zanahoria, en cubos
3 dientes de ajo picados
2 latas (de unos 435 g cada una)
    de alubias, enjuagadas y
    escurridas

1½ tazas de agua
1 taza de maíz congelado
1 lata (180 g) de puré de tomate
1 lata (120 g) de chile verde
    picado, sin escurrir
1 cucharada de chile en polvo
2 cucharaditas de orégano seco
1 cucharadita de sal

1. En una sartén, caliente el aceite. Agregue la cebolla, el apio, la zanahoria y el ajo; cueza por 5 minutos o hasta que las verduras estén suaves; revuelva de vez en cuando.

2. Añada las alubias, el agua, el maíz, el puré de tomate, los chiles, el chile en polvo, el orégano y la sal. Reduzca el fuego a medio-bajo. Deje cocer durante 20 minutos; revuelva de vez en cuando. Adorne con cilantro, si lo desea. *Rinde 8 porciones*

70

Guiso de Ravioles

2 cucharadas de aceite de oliva o
    vegetal
1 cebolla mediana picada
2 zanahorias medianas, en cubos
2 tallos de apio, en cubos
1 pimiento morrón verde
    mediano, picado
1 diente de ajo finamente picado*

1 lata (de 435 a 540 g) de frijoles
    (judías) rojos, enjuagados y
    escurridos
4 tomates rojos picados
2 cucharaditas de sazonador de
    hierbas con limón en polvo
2½ tazas de agua
1 paquete (de 225 a 285 g) de
    ravioles de queso refrigerados

En una olla grande o en una cacerola de 6 litros de capacidad, caliente el aceite a fuego medio y fría la cebolla, la zanahoria, el apio, el pimiento y el ajo, revolviendo de vez en cuando, por 5 minutos o hasta que estén suaves. Incorpore los frijoles, el tomate y las hierbas disueltas en el agua. Ponga a hervir a fuego alto. Agregue los ravioles. Reduzca el fuego a medio y deje cocer; revuelva con cuidado por 5 minutos o hasta que los ravioles estén suaves. Acompañe, si lo desea, con queso parmesano rallado.

Rinde unas 4 porciones (de 2 tazas)

Sopa con Doble Chícharo

1 cucharada de aceite vegetal
1 cebolla blanca grande finamente
   picada
3 dientes de ajo finamente picados
2 tazas de chícharos (guisantes)
   secos
1 hoja de laurel
1 cucharadita de mostaza en polvo

1½ tazas de chícharos (guisantes)
   congelados
1 cucharadita de sal
¼ de cucharadita de pimienta
   negra molida
Crema agria sin grasa
   (opcional)

1. En una cacerola grande o en una olla, caliente el aceite a fuego medio-alto. Agregue la cebolla; fríala por 5 minutos o hasta que esté suave; revuelva de vez en cuando. Añada el ajo; fríalo por 2 minutos.

2. Incorpore 2 tazas de agua, los chícharos secos, la hoja de laurel y la mostaza. Ponga a hervir a fuego alto. Tape; reduzca el fuego a medio-bajo. Deje cocer por 45 minutos o hasta que los chícharos estén suaves; revuelva de vez en cuando.

3. Agregue los chícharos, la sal y la pimienta; tape. Deje cocer durante 10 minutos o hasta que los chícharos estén suaves. Retire y deseche la hoja de laurel. Bata con batidor manual, o procese en tandas chicas en la licuadora o el procesador de alimentos, hasta que se incorpore.

4. Corone cada porción con crema agria antes de servir. Adorne al gusto.

Rinde 6 porciones

Nota: *Si desea que tenga un sabor ahumado, puede agregar un chipotle durante los últimos 5 minutos de cocción.*

Sopa con Doble Chícharo

Caldo de Verduras

2 cebollas medianas
2 cucharadas de aceite vegetal
2 poros (puerros) limpios
3 tallos de apio, en trozos de 5 cm
8 tazas de agua fría
6 zanahorias medianas, en trozos
    de 2.5 cm
1 nabo pelado y en trozos
    (opcional)

2 dientes de ajo pelados y picados
4 ramas de perejil
1 cucharadita de tomillo seco
    machacado
¼ de cucharadita de pimienta
    negra molida
2 hojas de laurel

Recorte la parte superior y las raíces de las cebollas; deje intacta gran parte de la cáscara exterior seca; corte en gajos.

En una olla grande de 5 litros de capacidad, caliente el aceite a fuego medio-alto. Agregue la cebolla, el poro y el apio; cueza y revuelva por 5 minutos o hasta que las verduras estén flácidas pero no doradas. Añada el agua, la zanahoria, el nabo, el ajo, el perejil, el tomillo, la pimienta y las hojas de laurel. Deje hervir a fuego alto. Reduzca el fuego a medio-bajo; deje cocer, sin tapar, por 1½ horas. Retire del fuego. Deje enfriar un poco y cuele en un colador para retirar las verduras y las hierbas. Con una espumadera, presione un poco las verduras para extraerles el exceso de líquido; deséchelas.

Utilice de inmediato el caldo o refrigérelo hasta por 2 días en un recipiente hermético. O congélelo en porciones, en recipientes para congelar; puede conservarlo durante varios meses.

Rinde unas 7 tazas de caldo

Sopa Italiana de Tomate Fría

Sopa Italiana de Tomate Fría

1¾ tazas (lata de 420 g) de tomate
    rojo en trozos con pimiento
    rojo, sin escurrir
2 tazas de jugo de tomate
½ taza de crema y leche a partes
    iguales
2 cucharadas de jugo de limón

1 pepino grande pelado, en cubos
    (unas 2 tazas)
1 pimiento morrón verde mediano,
    en cubos (más o menos ½ taza)
Albahaca fresca picada
    (opcional)
Croutones (opcional)

En el vaso de la licuadora, ponga el tomate con su jugo, el jugo de tomate, la crema con leche y el jugo de limón; licue hasta que se incorporen. Vierta en un tazón grande o en una sopera; incorpore el pepino y el pimiento. Espolvoree con albahaca y los croutones justo antes de servir, si lo desea. *Rinde 6 tazas*

Guisado Jamaiquino de Frijol Negro

2 tazas de arroz integral sin cocer
900 g de camote (batata)
1.350 kg de calabaza almizclera
1 cebolla grande poco picada
400 ml de caldo de verduras
3 dientes de ajo picados
1 cucharada de curry en polvo
1½ cucharaditas de pimienta inglesa
½ cucharadita de pimienta roja molida

¼ de cucharadita de sal
2 latas (de 440 g cada una) de frijoles (judías) negros, escurridos y enjuagados
½ taza de uvas pasa
3 cucharadas de jugo de limón
1 taza de tomate rojo picado
1 taza de pepino pelado, en cubos

1. Cueza el arroz siguiendo las instrucciones de la envoltura. Pele el camote; córtelo en trozos de 2 cm hasta obtener 4 tazas. Pele la calabaza; retire las semillas. Corte en cubos de 2 cm hasta obtener 5 tazas.

2. En una olla grande, coloque el camote, la calabaza, la cebolla, el caldo, el ajo, el curry en polvo, la pimienta inglesa, la pimienta y la sal. Ponga a hervir; reduzca el fuego a bajo. Deje cocer, tapado, por 5 minutos. Agregue los frijoles y las uvas pasa. Cueza durante 5 minutos o hasta que el camote y la calabaza estén suaves y el frijol esté caliente. Retire del fuego; vierta el jugo de limón.

3. Sirva el guisado sobre arroz integral; corone con tomate y pepino. Adorne con cáscara de limón.

Rinde 8 porciones

Guisado Jamaiquino de Frijol Negro

Sopa de Verduras y Alubias

Sopa de Verduras y Alubias

Aceite en aerosol
½ taza de cebolla picada
½ taza de apio picado
2 tazas de agua
½ cucharadita de sal
2 tazas de papa (patata) pelada, en cubos
1 taza de zanahoria rebanada

1 lata (435 ml) de maíz
1 lata (435 g) de alubias, escurridas y enjuagadas
¼ de cucharadita de estragón seco
¼ de cucharadita de pimienta negra molida
2 tazas de leche baja en grasa
2 cucharadas de fécula de maíz

1. Con el aceite en aerosol, rocíe una olla de 4 litros de capacidad; caliente a fuego medio. Agregue la cebolla y el apio; fríalos por 3 minutos o hasta que estén suaves.

2. Agregue el agua y la sal. Ponga a hervir. Añada la papa y la zanahoria. Reduzca el fuego. Deje cocer, hasta que la papa y la zanahoria estén suaves. Incorpore el maíz, las alubias, el estragón y la pimienta. Deje cocer, hasta que esté bien caliente.

3. En un recipiente mediano, disuelva la fécula de maíz con la leche. Vierta en la olla de las verduras. Deje cocer, sin tapar, hasta que se espese. Adorne al gusto.

Rinde 5 porciones (de 1½ tazas)

Sopa de Verduras de Invierno Asadas

1 calabaza Acorn chica o
   ½ mediana, en mitades
2 tomates rojos medianos
1 cebolla mediana, sin pelar
1 pimiento morrón verde, en
   mitades
1 pimiento morrón rojo, en mitades
2 papas (patatas) rojas chicas
3 dientes de ajo, sin pelar
1½ tazas de jugo de tomate

½ taza de agua
4 cucharaditas de aceite vegetal
1 cucharada de vinagre de
   vino tinto
¼ de cucharadita de pimienta
   negra molida
¾ de taza de cilantro fresco picado
4 cucharadas de crema agria sin
   grasa

1. Caliente el horno a 200 °C. Con el aceite en aerosol, rocíe una charola para hornear. Coloque la calabaza, los tomates, la cebolla, los pimientos, la papa y el ajo. Hornéelos por 40 minutos; retire el ajo y los tomates después de 10 minutos. Deje reposar durante 15 minutos o hasta que estén lo suficientemente fríos para manejarlos.

2. Pele las verduras y el ajo; deseche las cáscaras. Pique las verduras. Combine la mitad de las verduras picadas, el jugo de tomate, ½ taza de agua, el aceite y el vinagre en el procesador de alimentos o en la licuadora; procese hasta que se incorporen.

3. En una cacerola grande, vierta el puré de verduras, las verduras picadas restantes y la pimienta negra. Cueza a fuego medio-alto. Deje cocer por 5 minutos o hasta que todo esté bien caliente; revuelva sin cesar. Corone las porciones con cilantro y crema.

Rinde 4 porciones

ENSALADAS DE VERDURAS Y CEREALES

Ensalada Griega Fácil

6 hojas de lechuga romana,
  lavadas y en trozos de 4 cm
1 pepino pelado y rebanado
1 tomate rojo picado
½ taza de cebolla morada,
  en rebanadas

30 g de queso feta desmenuzado
  (más o menos ⅓ de taza)
2 cucharadas de aceite de oliva
  extra virgen
2 cucharadas de jugo de limón
1 cucharadita de orégano seco
½ cucharadita de sal

1. En una ensaladera grande, mezcle la lechuga, el pepino, el tomate, la cebolla y el queso.

2. En un recipiente chico, bata el aceite, el jugo de limón, el orégano y la sal. Vierta sobre la ensalada; revuelva para bañarla. Sirva de inmediato.   *Rinde 6 porciones*

Tiempo de Preparación: 10 minutos

Ensalada Griega Fácil

Ensalada de Espinaca y Fresa con Queso Gouda

Ensalada de Espinaca y Fresa con Queso Gouda

¼ de taza de jugo de naranja
3 cucharadas de aceite vegetal
1 cucharada de miel
1 cucharadita de ralladura de cáscara de naranja
¼ de cucharadita de sal de ajo
⅛ de cucharadita de pimentón

4 tazas de hojas de espinaca
2 tazas de fresas (frutillas), sin tallo y en mitades
1 taza (120 g) de queso gouda, en cubos
½ taza de mitades de nuez

En un frasco chico con tapa, combine el jugo de naranja, el aceite, la miel, la ralladura, la sal de ajo y el pimentón; agite bien.

En una ensaladera grande, coloque la espinaca, las fresas, el queso y la nuez; bañe con el aderezo. Refrigere o sirva de inmediato.

Rinde 6 porciones

Ensalada Caliente de Champiñón

8 tazas de hojas para ensalada
(como espinaca, arúgula,
escarola rizada y lechuga)
3 cucharadas de aceite de oliva
285 g de champiñón limpio, en
cuartos o en rebanadas
2 chalotes picados
1 diente de ajo picado

2 cucharadas de cebollín picado
2 cucharadas de jugo de limón
2 cucharadas de vinagre balsámico
1 cucharadita de azúcar
1½ tazas de croutones con ajo
Queso parmesano rallado
Sal y pimienta negra recién
molida

Pique las hojas para la ensalada en trozos de un bocado. Distribúyalas en 4 platos extendidos. En una sartén mediana, caliente el aceite de oliva a fuego medio. Agregue los champiñones, el chalote y el ajo; fría de 3 a 5 minutos o hasta que los champiñones se suavicen. Incorpore el cebollín, el jugo de limón, el vinagre y el azúcar; deje cocer por 30 segundos. Vierta sobre las ensaladas. Corone con los croutones y el queso parmesano. Sazone al gusto con sal y pimienta. *Rinde de 4 a 6 porciones*

Ensalada de Col con Manzana y Nuez

½ col verde rallada
1 taza de col morada rallada
1 taza de nuez tostada*

2 manzanas rojas, en rebanadas
1½ tazas de aderezo para ensalada
Ranch, bajo en calorías

En una ensaladera grande, mezcle todos los ingredientes; revuelva bien. Tape y refrigere hasta el momento de servir. *Rinde de 4 a 6 porciones*

Para tostar la nuez, distribúyala en una capa en una charola para hornear. Hornee a 180 °C, de 8 a 10 minutos, hasta que esté un poco dorada.

Ensalada Invernal de Pera y Queso

⅓ de taza de aceite de oliva extra
    virgen
1½ cucharadas de vinagre de jerez
4 cucharaditas de miel
1 cucharada de mostaza Dijon
¼ de cucharadita de sal
5 tazas compactas de diferentes
    hojas para ensalada picadas
    (unos 90 g), como hojas de
    roble, frisee, berro, radicchio,
    arúgula o escarola

2 tazas de hojas de lechuga Boston
    o Bibb picadas (unos 45 g)
2 peras maduras Bosc, Bartlett o
    Anjou, descorazonadas, en
    cuartos y en trozos de 1.5 cm
Jugo de limón
1½ tazas (180 g) de queso Stilton o
    Gorgonzola desmenuzado
Pimienta negra recién molida

En un recipiente chico, ponga el aceite, el vinagre, la miel, la mostaza y la sal. Bata hasta que se incorporen. Tape y refrigere hasta por 2 días. En una ensaladera, combine todas las hojas. Para evitar que se oxide la pera, barnícela con el jugo de limón, si lo desea. Incorpore la pera, el queso y el aderezo. Revuelva un poco para bañar los ingredientes; espolvoree con pimienta.

Rinde de 6 a 8 porciones

Ensalada de Col con Dijon Cremoso

½ taza de mostaza Dijon
½ taza de aderezo para ensalada
    Ranch, italiano cremoso o
    blue cheese
2 cucharadas de perejil picado
½ cucharadita de semillas de apio

3 tazas de col verde rallada
2 tazas de col morada rallada
1 taza de zanahoria rallada
½ taza de cebolla picada
⅓ de taza de pimiento morrón rojo
    picado

En un recipiente chico, mezcle la mostaza, el aderezo, el perejil y las semillas de apio.

En un recipiente grande, combine las coles, la zanahoria, la cebolla y el pimiento. Vierta encima la mezcla de mostaza; revuelva bien. Refrigérela durante 1 hora por lo menos antes de servir.

Rinde unas 5 tazas

Ensalada Invernal de Pera y Queso

Ensalada de Col con Provolone y Pimiento

Ensalada de Col con Provolone y Pimiento

3 tazas de col verde rallada
2 tazas (225 g) de queso Provolone
    en cubos
1 taza de col morada rallada

1 taza de diferentes pimientos
    morrones (rojo, amarillo,
    verde y naranja) poco picados
⅓ de taza de cebollín rebanado
¾ de taza de aderezo César

En una ensaladera grande, combine todos los ingredientes; revuelva bien. Cubra y refrigere por 1 hora para que se mezclen los sabores. Revuelva antes de servir.

Rinde de 6 a 8 porciones

Ensalada China de Espinaca

3 a 4 tazas de germinado de soya
   fresco
⅓ de taza de miel
⅓ de taza de vinagre de vino
   blanco o de arroz
2 cucharadas de aceite vegetal

2 cucharaditas de salsa de soya
1 a 2 cucharaditas de raíz de
   jengibre fresca rallada
6 tazas de espinaca lavada y picada
1 taza de jícama pelada y en cubos
1 taza de tallarín chino crujiente

En un tazón grande de vidrio o de cerámica, ponga el germinado de soya. En un recipiente chico, coloque la miel, el vinagre, el aceite, la salsa de soya y la raíz de jengibre; revuelva y vierta sobre el germinado. Tape y refrigere durante 1 hora por lo menos; revuelva de vez en cuando. Poco antes de servir, agregue la espinaca y la jícama; revuelva un poco. Corone cada porción con el tallarín. *Rinde 6 porciones*

Ensalada Mediterránea

1 lechuga Boston, lavada,
   escurrida, seca y con las hojas
   separadas
10 papas (patatas) nuevas,
   en cuartos, asadas a la
   parrilla, frías
3 tazas de ejotes (judías verdes)
   tiernos blanqueados, fríos
4 tomates rojos medianos, en
   octavos

1 pimiento morrón rojo, pelado,
   sin semillas y en tiras julianas
1 pimiento morrón amarillo,
   pelado, sin semillas y en tiras
   julianas
1 taza de aderezo a la vinagreta
3 cucharadas de albahaca fresca
   poco picada
210 g de queso Montrachet cortado
   en 4 rebanadas

Distribuya la lechuga en 6 platos extendidos; acomode encima el resto de las verduras. Rocíe la ensalada con la vinagreta. Adorne con albahaca fresca y las rebanadas de queso. Sirva a temperatura ambiente. *Rinde 6 porciones*

Ensalada Primavera de Champiñón y Espárrago

675 g de espárragos frescos,
recortados
⅓ de taza de jugo de naranja
concentrado, descongelado
¼ de taza de aceite vegetal
2 cucharadas de vinagre de
vino tinto
1 cucharadita de sal

⅛ de cucharadita de pimienta
negra molida
450 g de champiñones blancos frescos
rebanados (unas 5 tazas)
Hojas de lechuga
1½ tazas de tomate cherry,
en cuartos

Llene a la mitad una cacerola grande con agua y ponga a hervir; añada los espárragos. Déjelos hervir hasta que se tornen verde brillante y firmes, por unos 2 minutos; escúrralos. Sumérjalos en agua fría durante unos 5 minutos o hasta que se enfríen; escúrralos. Páselos a un tazón de vidrio.

En un recipiente chico, bata el jugo de naranja, 2 cucharadas de agua, el aceite, el vinagre, la sal y la pimienta (lo puede preparar hasta con 24 horas de anticipación). Coloque los champiñones en el tazón. Bata la mezcla de jugo de naranja y viértala sobre los espárragos y los champiñones; revuelva con delicadeza. Reparta la lechuga en 6 platos extendidos, y luego el champiñón; acomode los espárragos en forma de rayos (esto lo puede hacer hasta 2 horas antes de servir; cubra y refrigere). Antes de servir, coloque encima los tomates; rocíe con la mezcla de jugo de naranja que quede en el tazón.   *Rinde 6 porciones*

Hinojo con Aderezo de Aceitunas Negras

565 g de hinojo (unas 2 piezas
medianas)
⅓ de taza de jugo de limón
¼ de taza de aceite de oliva o para
ensalada

⅔ de taza de aceitunas sin hueso,
poco picadas
Sal y pimienta

Recorte los tallos y los extremos de la raíz del hinojo; quítele el corazón. Conserve las hojas delgadas del hinojo para adornar, si lo desea. Rebane el hinojo a lo ancho en trozos de 0.5 cm de grosor. En una olla de 4 a 5 litros de capacidad, ponga a hervir de 3 a 4 litros de agua a fuego alto. Agregue el hinojo y cuézalo, sin tapar, justo hasta que esté suave, por unos 5 minutos. Escúrralo y sumérjalo en agua helada hasta que se enfríe. Vuelva a escurrirlo. En un recipiente chico, bata el jugo de limón y el aceite; incorpore las aceitunas, y sazone con sal y pimienta al gusto. Para servir, reparta el hinojo en 6 platos extendidos y bañe con el aderezo. Adorne con las hojas de hinojo que conservó, si lo desea.

Rinde 6 porciones

Tiempo de Preparación: 10 minutos   **Tiempo de Cocción:** Unos 5 minutos

Ensalada del Valle con Cebolla Marinada

1 cebolla grande (de 400 a 450 g), en rebanadas delgadas y en aros
675 g de tomate rojo maduro, en rebanadas
1 pepino pelado y en rebanadas
½ taza de aceite vegetal
¼ de taza de vinagre de vino
1 cucharadita de mostaza Dijon
½ cucharadita de sal
¼ de cucharadita de azúcar
¼ de cucharadita de pimienta negra
¼ de taza de albahaca fresca rebanada
Queso parmesano recién rallado o blue chesse desmenuzado, opcional

En una cacerola grande y poco profunda, ponga *la mitad* de los aros de cebolla. Cubra con una capa de tomate y de pepino; corone con los aros de cebolla *restantes*. En un recipiente chico, mezcle el aceite, el vinagre, la mostaza, la sal, el azúcar y la pimienta; bata bien para que se incorporen. Vierta sobre las verduras. Corone con la albahaca fresca. Tape y deje marinar por varias horas en el refrigerador. Corone con el queso antes de servir, si lo desea.

Rinde de 8 a 10 porciones

89

Ensalada de Pimiento Asado y Aguacate

2 pimientos morrones rojos
2 pimientos morrones naranja
2 pimientos morrones amarillos
2 aguacates maduros, en mitades, sin hueso y pelados
3 chalotes, en rebanadas delgadas

¼ de taza de aceite de oliva extra virgen
1 diente de ajo machacado
Ralladura fina de la cáscara y el jugo de 1 limón
Sal y pimienta negra recién molida

En una charola para hornear, ponga los pimientos. Áselos, de 10 a 12 cm de la fuente de calor, durante 5 minutos de cada lado o hasta que toda la superficie de los pimientos esté ampollada y un poco chamuscada. Métalos en una bolsa de papel. Cierre la bolsa; déjelos enfriar de 15 a 20 minutos. Corte los pimientos alrededor del tallo; tuerza el tallo y despréndalo. Corte los pimientos a lo largo por la mitad. Quite la piel con un cuchillo para pelar; enjuáguelos bajo el chorro de agua fría para eliminar las semillas. Córtelos en tiras de 1.5 cm de ancho y póngalos en una ensaladera.

Corte los aguacates en rebanadas de 0.5 cm de grosor; acomódelos sobre los pimientos. Espolvoree con el chalote.

En un recipiente chico, bata el aceite de oliva, el ajo, la ralladura de limón y el jugo de limón. Vierta sobre la ensalada. Tape y refrigere durante 1 hora por lo menos antes de servir. Sazone al gusto con sal y pimienta. *Rinde 6 porciones*

Ensalada de Pimiento Asado y Aguacate

Mozzarella y Tomate con Aderezo de Dijon-Limón

Mozzarella y Tomate con Aderezo de Dijon-Limón

⅓ de taza de aceite de oliva
¼ de taza de mostaza Dijon
2 cucharadas de jugo de limón
2 cucharaditas de albahaca fresca
    finamente picada
½ cucharadita de azúcar
3 tomates rojos medianos,
    en rebanadas

180 g de queso mozzarella fresco,
    en rebanadas
2 tazas de diferentes hojas para
    ensalada
¼ de taza de aceitunas sin hueso
    picadas
Hojas de albahaca fresca picada

En un recipiente chico, bata el aceite, la mostaza, el jugo de limón, la albahaca y el azúcar. En platos extendidos, acomode las hojas; ponga encima las rebanadas de tomate y de queso. Añada la aceituna y las hojas de albahaca; adorne al gusto. Rocíe el aderezo antes de servir.

Rinde 6 porciones de entremés

Mezcla Festiva de Pimientos a la Griega

1 pimiento morrón verde,
en rebanadas delgadas
1 pimiento morrón amarillo,
en rebanadas delgadas
1 pimiento morrón rojo,
en rebanadas delgadas
3 cucharadas de aceite de oliva
1 cucharada de agua

2 cucharaditas de vinagre
balsámico
1 cucharadita de orégano seco
Sal y pimienta al gusto
¾ de taza de nuez picada
¼ de taza de aceitunas (griegas o
niçoise)
¼ de taza de queso feta
desmenuzado (opcional)

En un platón para microondas, acomode los pimientos. Mezcle el aceite, el agua, el vinagre, el orégano, la sal y la pimienta; vierta sobre los pimientos. Espolvoree con la nuez. Hornee en el microondas a temperatura ALTA por 5 minutos. Corone con las aceitunas y el queso feta. Sirva caliente o a temperatura ambiente. Adorne con hojas de radicchio o espinaca, si lo desea. *Rinde de 4 a 6 porciones*

Ensalada Tailandesa de Pasta con Salsa de Maní

¼ de taza de leche evaporada
4½ cucharaditas de crema de maní
4½ cucharaditas de cebolla morada
finamente picada
1 cucharadita de jugo de limón
¾ de cucharadita de azúcar morena
½ cucharadita de salsa de soya

⅛ de cucharadita de pimienta roja
machacada
½ cucharadita de jengibre fresco
finamente picado
1 taza de espagueti integral
cocido, caliente
2 cucharaditas de cebollín
finamente picado

En una cacerola mediana, mezcle la leche, la crema de maní, la cebolla, el jugo de limón, el azúcar, la salsa de soya y la pimienta. Ponga a hervir a fuego alto; revuelva a menudo. Deje hervir por 2 minutos; continúe revolviendo. Reduzca el fuego a medio-bajo. Agregue el jengibre; revuelva bien. Añada el espagueti; revuelva para bañarlo. Corone con el cebollín. Sirva de inmediato. *Rinde 2 porciones*

Ensalada Deli de Papa y Vainas

675 g de papas (patatas) nuevas,
lavadas y en cuartos
1 taza de agua
¾ de cucharadita de sal
225 g de vainas de chícharo
(guisante), cocidos
⅓ de taza de mayonesa baja en
grasa

⅓ de taza de yogur natural sin
grasa
3 cucharadas de mostaza Dijon
⅓ de taza de cebolla morada
finamente picada
2 cucharadas de eneldo picado o
2 cucharaditas de eneldo seco
1 diente de ajo picado

En un recipiente de 3 litros de capacidad para microondas, ponga la papa, el agua y
½ cucharadita de sal. Tape y cueza a temperatura ALTA por 15 minutos o hasta que la
papa esté suave; revuelva una vez. Agregue las vainas. Tape y cueza a temperatura ALTA
por 3 minutos o hasta que las vainas estén suaves. Enjuáguelas con agua fría y escúrralas.
Deje enfriar por completo.

En un recipiente grande, mezcle la mayonesa, el yogur, la mostaza, la cebolla, el eneldo,
el ajo y la sal restante; revuelva bien. Incorpore la papa y las vainas; revuelva para
bañarlas bien. Tape y refrigere durante 1 hora antes de servir. Adorne al gusto.

Rinde 6 porciones de guarnición

Tiempo de Preparación: 15 minutos   **Tiempo de Cocción:** 18 minutos
Tiempo de Refrigeración: 1 hora

Ensalada Deli de Papa y Vainas

Ensalada Mediterránea con Pasta

60 g de moños de pasta sin cocer
1 taza de garbanzo enlatado,
    enjuagado y escurrido
1 taza de corazones de alcachofa
    enlatados, enjuagados,
    escurridos y en cuartos
¾ de taza de calabacita, a la mitad
    y rebanada
¼ de taza de cebolla morada
    picada

3 cucharadas de jugo de limón
2 cucharadas de aceite de oliva
½ cucharadita de sazonador
    italiano
⅛ de cucharadita de pimienta
    negra molida
⅛ de cucharadita de ajo en polvo
2 cucharadas de queso feta
    desmenuzado

Cueza la pasta siguiendo las instrucciones de la envoltura; omita la sal. Enjuáguela con agua fría; escúrrala y déjela enfriar. En una ensaladera grande, mezcle la pasta, el garbanzo, los corazones de alcachofa, la calabacita y la cebolla. En un recipiente chico, revuelva el jugo de limón, el aceite, el sazonador italiano, la pimienta y el ajo en polvo hasta que se incorporen. Rocíe sobre la pasta; revuelva para bañarla. Corone con el queso antes de servir. Sirva sobre hojas de lechuga, si lo desea. *Rinde 6 porciones*

Fresca Ensalada de Pasta y Naranja

Ralladura de la cáscara de
    ½ naranja
Jugo de 1 naranja (⅓ de taza)
3 cucharadas de aceite de oliva
2 cucharaditas de eneldo fresco
    picado *o* ½ cucharadita de
    eneldo seco
¼ de cucharadita de sal sazonada

2 tazas de espirales de pasta,
    cocidos y escurridos
2 naranjas, peladas y cortadas en
    rebanadas por la mitad
2 tazas de floretes de brócoli,
    cocidos y escurridos
½ taza de apio rebanado
¼ de taza de cebollín rebanado

En un recipiente grande, combine la ralladura, el jugo, el aceite, el eneldo y la sal sazonada. Agregue el resto de los ingredientes; revuelva con delicadeza. Tape y refrigere; revuelva de vez en cuando. *Rinde 6 porciones*

Ensalada Mediterránea con Pasta

Ensalada Taco

Ensalada Taco

90 g de pasta ondulada, cocida
½ taza de maíz descongelado
½ taza de tomate rojo picado,
    sin semillas
1 lata (120 g) de chile verde
    picado, escurrido
¼ de taza de cebolla picada

2 cucharadas de aceitunas negras
    picadas
2 cucharadas de cilantro fresco
    picado
½ taza de salsa picante
½ cucharadita de chile en polvo

En una ensaladera, combine la pasta, el maíz, el tomate, los chiles, la cebolla, la aceituna y el cilantro. En un recipiente, mezcle la salsa con el chile en polvo. Vierta sobre la ensalada; revuelva para bañarla. Tape y refrigere por 2 horas. *Rinde 6 porciones*

Ensalada de Pasta con Aderezo Hummus

225 g de tubos, pluma o tornillos de
    pasta sin cocer
3 cucharadas de semillas de
    ajonjolí (sésamo) (opcional)
1 lata (450 g) de garbanzo,
    enjuagado y bien escurrido
¼ de taza de agua
¼ de taza de aceite de oliva
    Jugo de 1½ limones
3 dientes de ajo pelados
½ cucharadita de comino molido
¼ de cucharadita de chile en polvo

1 manojo de cebollín, en mitades y
    rebanado
½ pimiento morrón verde,
    sin semillas y picado
1 cucharada de perejil italiano
    fresco picado
6 cucharadas de mayonesa
    Sal y pimienta negra recién
    molida
    Aceitunas negras y verdes
    picadas

Caliente el horno a 150 °C. Cueza la pasta siguiendo las instrucciones de la envoltura hasta que esté al dente (suave pero aún firme). Escúrrala. Mientras tanto, ponga las semillas de ajonjolí, si lo desea, en una sartén; tuéstelas en el horno hasta que estén ligeramente doradas; revuelva de vez en cuando.

En el vaso de la licuadora o del procesador de alimentos, coloque el garbanzo, el agua, el aceite de oliva, el jugo de limón, el ajo, el comino y el chile en polvo; procese hasta que se forme una pasta cremosa. Vierta la mezcla en un recipiente grande. Agregue el cebollín, el pimiento y el perejil; revuelva bien. Incorpore la pasta caliente; revuelva hasta que esté bañada ligeramente con el aderezo. Tape y refrigere por 30 minutos. Revuelva con la mayonesa. Sazone al gusto con sal y pimienta. Espolvoree con las semillas de ajonjolí y las aceitunas.

Rinde 4 porciones

Ensalada de Maíz Asado y Arroz Salvaje

½ taza de arroz salvaje sin cocer
1½ tazas de granos de maíz frescos (unas 3 mazorcas medianas)
½ taza de tomate rojo, sin semillas y en cubos
½ taza de pimiento morrón amarillo o verde finamente picado

⅓ de taza de cilantro fresco picado
2 cucharadas de chile jalapeño,* en tiras, sin semillas (opcional)
2 cucharadas de jugo fresco de limón
2 cucharadas de mostaza con miel
1 cucharada de aceite de oliva
½ cucharadita de comino molido

1. En una cacerola chica, ponga 1½ tazas de agua; ponga a hervir a fuego alto. Incorpore el arroz; tape. Reduzca el fuego a medio-bajo. Deje cocer por 40 minutos o hasta que el arroz empiece a suavizarse pero aún se sienta firme al morderlo. Escúrralo; deseche el líquido.

2. Caliente el horno a 200 °C. Rocíe una charola para hornear con aceite en aerosol.

3. Distribuya el maíz uniformemente en la charola. Hornee de 20 a 25 minutos o hasta que empiece a dorarse; revuelva después de 15 minutos.

4. En una ensaladera grande, mezcle el arroz, el maíz, el tomate, el pimiento, el cilantro y el jalapeño. En un recipiente chico, combine el jugo de limón, la mostaza con miel, el aceite y el comino; revuelva. Rocíe sobre la mezcla de arroz; revuelva para bañar. Tape; refrigere por 2 horas. Sirva sobre hojas de lechuga, si lo desea. *Rinde 6 porciones*

*Los chiles jalapeños pueden irritar la piel; use guantes de hule cuando los maneje y no se toque los ojos. Lávese las manos después de trabajar con ellos.

Ensalada de Maíz Asado y Arroz Salvaje

Ensalada de Arroz y Fruta a la Menta

⅔ de taza de jugo de naranja con
    piña o de mandarina
⅓ de taza de agua
1 taza de arroz instantáneo sin
    cocer
315 g de gajos de mandarina,
    escurridos

1 lata (225 g) de piña en trozos
½ taza de pepino picado
⅓ de taza de cebolla morada
    picada
3 cucharadas de menta fresca
    picada

• **Combine** el jugo y el agua en una cacerola mediana. Ponga a hervir; incorpore el arroz. Retire del fuego; tape y deje reposar por 10 minutos.

• **Mezcle** el arroz, los gajos de mandarina, la piña sin escurrir, el pepino, la cebolla y la menta en una ensaladera mediana. Sirva a temperatura ambiente o refrigere. Adorne con hojas de menta fresca, si lo desea.
Rinde 4 porciones

Tiempo de Preparación: 5 minutos **Tiempo de Cocción:** 15 minutos

Ensalada Waldorf de Arroz Salvaje

2 tazas de arroz salvaje cocido,
    frío (⅔ de taza sin cocer)
2 manzanas rojas grandes, sin
    pelar y en cubos
1 cucharada de jugo de limón

2 cucharadas de azúcar morena
2 tallos de apio, en rebanadas
½ taza de yogur natural sin grasa
¼ de taza de mayonesa baja en
    grasa

Mezcle la manzana con el jugo de limón y el azúcar. Incorpore el apio y el arroz salvaje. Revuelva el yogur y la mayonesa. Vierta sobre la ensalada y revuelva. Refrigere.
Rinde 6 porciones

Ensalada de Arroz y Fruta a la Menta

Ensalada Santa Fe de Frijol Negro y Arroz

Ensalada Santa Fe de Frijol Negro y Arroz

½ taza de mostaza Dijon
2 cucharadas de vinagre de vino blanco
2 cucharadas de aceite de oliva
1 cucharada de cilantro picado
1½ cucharaditas de sazonador picante líquido
½ cucharadita de chile en polvo
¼ de cucharadita de comino molido

3 tazas de arroz de grano largo y salvaje cocido
1 lata (435 g) de frijoles (judías) negros, enjuagados y escurridos
1 taza de tomate rojo picado
1 taza de maíz enlatado
⅓ de taza de cebolla morada picada
¼ de taza de chiles verdes picados

En un recipiente chico, mezcle la mostaza, el vinagre, el aceite, el cilantro, el sazonador picante, el chile en polvo y el comino.

En un recipiente grande, combine el arroz, el frijol, el tomate, el maíz, la cebolla y el chile. Vierta la mezcla de mostaza; revuelva bien. Refrigere durante 1 hora por lo menos antes de servir. Adorne al gusto.

Rinde 6 tazas

Ensalada Griega de Arroz

1 bolsa (210 g) de arroz pilaf
1 taza de pepino picado
1 taza de queso feta desmenuzado
¼ de taza de perejil picado
⅓ de taza de aceite de oliva o
    vegetal

3 cucharadas de vinagre de vino
    tinto o jugo de limón
1 diente de ajo picado
2 cucharaditas de orégano seco o
    de menta seca
1 tomate rojo grande picado

1. Cueza el arroz siguiendo las instrucciones de la envoltura. Déjelo enfriar por 10 minutos.

2. En una ensaladera grande, combine el arroz cocido, el pepino, el queso y el perejil.

3. Mezcle el aceite, el vinagre, el ajo y el orégano. Vierta sobre la mezcla de arroz y revuelva. Tape y refrigere durante 4 horas o por toda la noche. Incorpore el tomate un poco antes de servir.   *Rinde 5 porciones*

Sugerencia para Servir: Acompañe cada porción con 1 taza de yogur natural coronado con un poco de miel.

Ensalada de Frijol del Oeste

1¾ tazas de salsa picante
1¾ tazas (lata de 435 g) de frijoles
    (judías) negros, enjuagados y
    escurridos
1 taza de granos de maíz

½ taza de cebolla morada,
    en cuartos y en rebanadas
¼ de taza de cilantro o perejil
    fresco picados
1 cucharada de jugo de limón
½ cucharadita de comino molido

COMBINE la salsa, el frijol, el maíz, la cebolla, el cilantro, el jugo de limón y el comino en una ensaladera grande. Tape y refrigere durante 2 horas por lo menos.

SIRVA como guarnición o con ensalada verde.   *Rinde 8 porciones*

105

Ensalada Confeti de Arroz Salvaje

1 bolsa (180 g) de mezcla de arroz
blanco y salvaje
1 pimiento morrón rojo y uno
amarillo, sin semillas y picados
¼ de taza de cebolla morada
finamente picada

¼ de taza de perejil fresco picado
¼ de taza de albahaca fresca
picada
⅓ de taza de mostaza Dijon
¼ de taza de aceite de oliva
¼ de taza de vinagre de vino tinto

Cueza el arroz siguiendo las instrucciones de la envoltura; deje enfriar. Ponga el arroz en una ensaladera grande. Agregue el pimiento, la cebolla, el perejil y la albahaca. En un recipiente chico, mezcle la mostaza, el aceite y el vinagre; revuelva bien. Vierta sobre el arroz y las verduras; revuelva bien para bañar. Tape y refrigere por 1 hora antes de servir. Adorne al gusto. *Rinde 8 porciones de guarnición*

Ensalada Tabbouleh Dorada

½ taza de bulgur
¾ de taza de agua hirviente
2 tomates rojos grandes,
sin semillas y picados
4 rábanos rojos largos rallados
½ taza de perejil fresco picado
¼ de taza de uvas pasa doradas
3 a 4 cucharadas de menta fresca
finamente picada

¼ de taza de aceite de oliva light
¼ de taza de jugo fresco de limón
1 diente de ajo picado
1 cucharadita de curry en polvo
¼ de cucharadita de comino molido
¼ de cucharadita de canela molida
1½ tazas (180 g) de queso cheddar
rallado
½ taza de maní picado

En un recipiente mediano, ponga el agua hirviente y remoje el bulgur por 30 minutos. Agregue el tomate, el rábano, el perejil, las pasas y la menta; revuelva. Mezcle el aceite, el jugo de limón, el ajo, el curry, el comino y la canela; revuelva bien. Vierta sobre el bulgur; revuelva bien. Tape y refrigere durante 30 minutos por lo menos. Poco antes de servir, incorpore el queso; espolvoree encima el maní. *Rinde de 6 a 8 porciones*

Ensalada Confeti de Arroz Salvaje

Ensalada de Cebada Perla

2 tazas de agua
½ taza de cebada perla*
⅛ de cucharadita de sal (opcional)
½ taza (60 g) de queso suizo, en cubos
½ pepino mediano, en trozos delgados
⅓ de taza de apio, en rebanadas
⅓ de taza de cebollín, en rebanadas
¼ de taza de perejil fresco finamente picado
¼ de taza de aceitunas verdes, en rebanadas
¼ de taza de aderezo italiano para ensalada
¼ de cucharadita de hojas de orégano seco machacado
⅛ a ¼ de cucharadita de pimienta roja molida
Hojas frescas de espinaca, enjuagadas y picadas
2 a 3 cucharadas de semillas de girasol secas asadas

Ponga a hervir el agua; incorpore la cebada y la sal. Tape y reduzca el fuego; deje cocer de 45 a 50 minutos o hasta que esté suave. Retire del fuego; deje reposar por 5 minutos.

En un recipiente grande, mezcle la cebada con el resto de los ingredientes, excepto la espinaca y las semillas de girasol. Marine durante unas horas o por toda la noche. Sirva sobre un platón grande o en platos individuales forrados con hojas de espinaca. Espolvoree con las semillas de girasol. Adorne con rebanadas de tomate, si lo desea.

Rinde 8 porciones

Método Rápido: *Use ⅔ de taza de cebada perla instantánea; disminuya el tiempo de cocción de 10 a 12 minutos. Continúe como se indica.*

Ensalada de Tomate, Frijol y Nuez

1 pepino mediano, pelado,
en rebanadas y en cuartos
420 g de tomate rojo cocido,
en cubos, bien escurrido
½ taza de nuez picada
1 diente chico de ajo
3 cucharadas de agua fría
1 cucharada de vinagre de
vino tinto
Sal y pimienta negra al gusto

Pimienta de Cayena (opcional)
2 cucharadas de perejil picado
2 cucharadas de cilantro picado
(opcional)
1 cucharada de cebolla finamente
picada
1 lata (450 g) de frijoles (judías)
rojos, escurridos
Hojas de lechuga

1. Coloque el pepino en un tazón y espolvoréelo con sal para drenar un poco de agua.

2. Escurra el tomate sobre toallas de papel para absorber el exceso de humedad.

3. En el procesador de alimentos o en la licuadora, muela la nuez y el ajo hasta que se forme una pasta. Incorpore el agua y el vinagre. Agregue sal, pimienta negra y pimienta de Cayena al gusto.

4. Incorpore el perejil, el cilantro y la cebolla, si lo desea.

5. Seque el pepino y agréguelo a la mezcla.

6. Añada los frijoles; revuelva bien. Sirva sobre una cama de lechuga.

Rinde 4 porciones

Tiempo de Preparación: 15 minutos

Ensalada de Frijol con Bulgur

¾ de taza de frijoles (judías) rojos secos sin cocer, limpios y enjuagados
¾ de taza de frijoles (judías) pintos secos sin cocer, limpios y enjuagados
225 g de ejotes (judías verdes) frescos, en trozos de 5 cm
½ taza de bulgur sin cocer
⅓ de taza de aceite vegetal

1 cucharada de aceite oscuro de ajonjolí (sésamo)
6 cebollines enteros picados
2 cucharadas de jengibre picado
3 dientes de ajo picados
¼ de cucharadita de pimienta roja machacada
3 cucharadas de salsa de soya
2 cucharadas de vinagre de vino blanco
½ cucharadita de azúcar

Remoje los frijoles por toda la noche en agua fría; enjuáguelos y escúrralos. Colóquelos en una cacerola grande y cúbralos con 6 tazas de agua. Ponga a hervir; reduzca el fuego a bajo. Tape y deje cocer por 1 hora o hasta que estén suaves. Enjuáguelos y escúrralos. Mientas tanto, coloque los ejotes en una cacerola de 2 litros de capacidad; cúbralos con agua. Ponga a hervir a fuego medio-alto. Reduzca el fuego a bajo; déjelos cocer, tapados, de 5 a 6 minutos hasta que estén suaves. Enjuáguelos y escúrralos.

En una cacerola de 1 litro de capacidad, combine el bulgur con 1 taza de agua. Ponga a hervir a fuego medio. Reduzca el fuego a bajo; deje cocer, tapado, por 15 minutos o hasta que el agua se absorba y el bulgur esté esponjoso.

En un recipiente grande, mezcle los ejotes, el bulgur y los frijoles.

En una sartén grande, caliente el aceite vegetal y el de ajonjolí a fuego medio. Agregue la cebolla, el jengibre, el ajo y la pimienta. Fría por unos 3 minutos o hasta que la cebolla esté suave. Retire del fuego. Incorpore la salsa de soya, el vinagre y el azúcar. Vierta la mezcla de aceite sobre los frijoles; revuelva bien. Tape y refrigere de 2 a 3 horas. Adorne, si lo desea. *Rinde de 6 a 8 porciones*

Ensalada de Frijol con Bulgur

Ensalada Confeti de Cebada

4 tazas de agua
1 taza de cebada perla seca
⅓ de taza de mostaza Dijon
⅓ de taza de aceite de oliva
¼ de taza de vinagre de vino tinto
2 cucharadas de perejil picado
2 cucharaditas de romero fresco
    picado *o* ½ cucharadita de
    romero seco
2 cucharaditas de ralladura de
    cáscara de naranja

1 cucharadita de azúcar
1½ tazas de pimiento morrón rojo,
    verde o amarillo, en cubos
½ taza de cebollín, en rebanadas
½ taza de aceitunas negras sin
    hueso, en rebanadas
Hojas de romero, rebanadas de
    naranja y tomate rojo, para
    adornar

En una cacerola de 3 litros de capacidad, caliente el agua y la cebada a fuego medio-alto hasta que hierva; reduzca el fuego. Tape; deje cocer de 45 a 55 minutos o hasta que esté suave. Escurra y deje enfriar.

En un recipiente chico, bata la mostaza, el aceite, el vinagre, el perejil, el romero, la ralladura y el azúcar hasta que se incorporen.

En un recipiente grande, combine la cebada, los pimientos, el cebollín y las aceitunas. Vierta el aderezo de mostaza; revuelva. Refrigere por varias horas para que se mezclen los sabores. Para servir, coloque la cebada en platos extendidos; adorne con romero y rebanadas de naranja y de tomate. *Rinde de 6 a 8 porciones*

Ensalada Confeti de Cebada

Ensalada Sureña de Frijol y Maíz

1 lata (de 435 g) de frijoles (judías) pintos, enjuagados y escurridos
1 taza (unas 2 mazorcas) de granos de maíz fresco o descongelado
1 pimiento morrón rojo finamente picado
4 cebollines finamente picados

2 cucharadas de vinagre de manzana
2 cucharadas de miel
½ cucharadita de sal
½ cucharadita de mostaza molida
½ cucharadita de comino molido
⅛ de cucharadita de pimienta de Cayena

1. En un recipiente grande, mezcle los frijoles, el maíz, el pimiento y el cebollín.

2. En un recipiente chico, combine el vinagre y la miel. Incorpore la sal, la mostaza, el comino y la pimienta de Cayena. Vierta sobre la mezcla de frijol; revuelva. Tape; refrigere por 2 horas. Sirva sobre hojas de lechuga, si lo desea. *Rinde 4 porciones*

Couscous Mediterráneo

1 paquete (de 285 g) de couscous
⅓ de taza de mostaza Dijon
¼ de taza de jugo de limón
¼ de taza de perejil picado
3 cucharadas de menta fresca
1 cucharada de ralladura de cáscara de limón
1 diente de ajo picado

⅔ de taza de aceite de oliva
1 frasco (de 210 g) de pimiento rojo asado, picado
120 g de queso feta, en cubos
½ taza de aceitunas negras sin hueso picadas
Rebanadas de tomate rojo y pepino, para adornar

Prepare el couscous siguiendo las instrucciones de la envoltura; déjelo enfriar. En un recipiente, bata la mostaza, el jugo de limón, el perejil, la menta, la ralladura y el ajo hasta que se incorporen. Vierta y bata el aceite. En un recipiente, combine el couscous, los pimientos, el queso y las aceitunas; agregue la mezcla de mostaza; revuelva para bañar. Refrigere durante 1 hora. Para servir, acomode el couscous en platos extendidos; adorne con las rebanadas de tomate rojo y pepino. *Rinde 6 porciones*

Ensalada Sureña de Frijol y Maíz

Ensalada Francesa de Lenteja

¼ de taza de nuez picada
1½ tazas de lenteja seca, enjuagada,
limpia y escurrida*
4 cebollines finamente picados
3 cucharadas de vinagre
balsámico

2 cucharadas de perejil fresco
picado
1 cucharada de aceite de oliva
¾ de cucharadita de sal
½ cucharadita de tomillo seco
¼ de cucharadita de pimienta
negra molida

1. Caliente el horno a 190 °C.

2. En una charola para hornear, distribuya la nuez en una capa uniforme. Hornee por 5 minutos o hasta que se dore un poco. Retire del horno. Deje enfriar por completo en la charola.

3. En una cacerola grande, mezcle 2 litros de agua y las lentejas; deje hervir a fuego alto. Tape; reduzca el fuego a medio-bajo. Deje cocer por 30 minutos o hasta que las lentejas estén suaves; revuelva de vez en cuando. Escurra y deseche el líquido de cocción.

4. En un recipiente grande, combine la lenteja, la cebolla, el vinagre, el perejil, el aceite, la sal, el tomillo y la pimienta. Tape y refrigere por 1 hora o hasta que esté frío.

5. Sirva sobre hojas de lechuga, si lo desea. Corone con la nuez antes de servir. Adorne al gusto.

Rinde 4 porciones

Las bolsas de lenteja seca pueden contener arenisca y piedras diminutas. Por lo tanto, enjuáguelas muy bien. Después, busque y deseche la arenisca o cualquier pieza extraña.

Ensalada Francesa de Lenteja

Gloriosa Ensalada de Garbanzo

5 tazas de garbanzo cocido con
   poca sal, bien escurrido
3 tomates rojos medianos, en cubos
⅓ de taza de nuez tostada y picada*
¼ de taza de perejil picado
¼ de taza de cebollín picado
½ taza de queso cottage sin grasa

3 cucharadas de vinagre de vino
1 cucharada de aceite de oliva
1 diente de ajo picado
1 cucharadita de sal
½ cucharadita de pimienta negra
   recién molida

Enjuague el garbanzo bajo el chorro de agua; escúrralo bien. Póngalo en un recipiente mediano; agregue el tomate, la nuez, el perejil y el cebollín.

En un recipiente chico, bata el queso cottage, el vinagre, el aceite, el ajo, la sal y la pimienta. Vierta sobre los ingredientes de la ensalada y revuelva. Refrigere antes de servir; revuelva de vez en cuando. Sazone con pimienta y vinagre adicional, si es necesario.

Rinde 8 porciones

Tostar la nuez es opcional.

Ensalada de Papaya y Kiwi con Aderezo de Naranja

1 papaya
4 kiwis
6 cucharadas de jugo de naranja
   concentrado, descongelado
3 cucharadas de miel

1 taza de crema agria
1 cucharada de ralladura de
   cáscara de naranja
1 cucharada de ralladura de
   cáscara de limón

1. Pele la papaya y deseche las semillas. Corte a lo largo en rebanadas delgadas.

2. Pele los kiwis y córtelos a lo ancho en rebanadas delgadas. Acomode la papaya y el kiwi en 4 platos extendidos.

3. En un recipiente chico, mezcle el jugo de naranja y la miel. Revuelva con la crema agria. Sirva sobre las ensaladas; espolvoree con la ralladura.

Rinde 4 porciones

Ensalada Toscana de Verano

1 hogaza chica de pan italiano del día anterior
¼ de taza de aceite de oliva
3 cucharadas de vinagre balsámico
1 diente de ajo machacado
1 cucharadita de sal
1 cucharadita de salsa picante
3 tomates rojos maduros grandes, en trozos grandes
1 cebolla morada grande, cortada a la mitad y en rebanadas
1 pepino grande, en trozos grandes

1 pimiento morrón rojo grande, sin semillas y en trozos grandes
1 pimiento morrón amarillo grande, sin semillas y en trozos grandes
1 taza de hojas de arúgula
½ taza de albahaca picada
½ taza de aceitunas negras rebanadas
1 cucharada de alcaparras

Parta el pan en trozos grandes hasta obtener unas 4 tazas. En un recipiente grande, combine el aceite de oliva, el vinagre, el ajo, la sal y la salsa picante. Agregue el resto de los ingredientes; revuelva para bañarlos. Deje que la mezcla repose por 30 minutos antes de servir.

Rinde 4 porciones

Ensalada Panzanella

½ taza de alubias secas sin cocer, limpias y enjuagadas

1 baguette francesa chica, en cubos de 2 cm

2 tomates rojos maduros grandes (450 g), sin semillas y picados

⅓ de taza de pepino pelado, sin semillas y picado

¼ de taza de cebolla picada

3 cucharadas de aceite de oliva

2 cucharadas de albahaca fresca picada *o* 1 cucharadita de albahaca seca

2 cucharadas de vinagre de vino tinto

2 dientes de ajo picados

¼ de cucharadita de sal

¼ de cucharadita de pimienta negra

¼ de taza de queso parmesano recién rallado

Remoje la alubia en agua fría por toda la noche; enjuáguela y escúrrala. Póngala en una cacerola grande y cúbrala con 4 tazas de agua. Deje hervir; reduzca el fuego a bajo. Tape y deje cocer de 1½ a 2½ horas o hasta que esté suave. Enjuague y escurra.

Caliente el asador. Coloque el pan en una charola para hornear. Áselo, a 10 cm de la fuente de calor, por 3 minutos o hasta que se dore; voltéelo después de 2 minutos.

En un recipiente grande, mezcle el frijol, el tomate, el pepino, la cebolla, el aceite, la albahaca, el vinagre, el ajo, la sal y la pimienta. Incorpore el pan poco antes de servir. Espolvoree con queso parmesano. Adorne, si lo desea. *Rinde de 4 a 6 porciones*

Ensalada Panzanella

Ensalada Veraniega Fría de Gazpacho

1 piña fresca
2 tazas de tomate rojo picado, escurrido
1 pepino grande, cortado por la mitad a lo largo y en rebanadas delgadas
¼ de taza de cebollín picado
¼ de taza de vinagre de vino tinto
4 cucharaditas de aceite de oliva o vegetal
½ cucharadita de albahaca seca machacada

• **Desprenda** la corona de la piña. Corte la piña a lo largo en cuartos. Retire la cáscara; quite el corazón y pique la fruta. Escúrrala.

• **Revuelva** la piña, el tomate, el pepino, el cebollín, el vinagre, el aceite y la albahaca en una ensaladera grande. Cubra y refrigere durante 1 hora o por toda la noche. Revuelva antes de servir.
Rinde 10 porciones

Ensalada Fría de Fruta y Verdura con Salsa Picante de Tomate

2 tomates rojos medianos
¼ de taza de aceite de oliva
2 cucharadas de vinagre de vino tinto
¾ de cucharadita de salsa picante
3 ramas de cilantro
¼ de cucharadita de sal
1 lechuga chica
4 rebanadas grandes de melón Honeydew
1 naranja grande, pelada y en rebanadas
1 pepino mediano, en rebanadas delgadas
1 pimiento morrón rojo, en tiras delgadas
3 cebollines

En la licuadora, combine el tomate, el aceite de oliva, el vinagre, la salsa picante, el cilantro y la sal. Procese hasta que se incorporen. Refrigere hasta el momento de servir. En un platón, acomode las hojas de lechuga; coloque encima el melón, la naranja, el pepino, el pimiento y el cebollín. Sirva la ensalada con la salsa.
Rinde 6 porciones

Ensalada Veraniega Fría de Gazpacho

Ensalada de Fruta con Mostaza y Miel

½ taza de aderezo cremoso Ranch
con mostaza Dijon y miel
½ taza de yogur de piña bajo en
grasa
¼ de taza de piña fresca finamente
picada o trozos de piña de
lata escurridos

1 cucharadita de ralladura de
cáscara de limón
1 cucharadita de jugo de limón
4 tazas de frutas surtidas (uvas,
moras, rebanadas de manzana,
pera o plátano)
Hojas de lechuga

En un recipiente mediano, mezcle el aderezo, el yogur, la piña, la ralladura y el jugo de limón. Acomode la lechuga sobre un platón o en 4 platos extendidos; distribuya encima la fruta. Acompañe la ensalada con el aderezo.   *Rinde 4 porciones*

Ensalada Waldorf

1 manzana roja sin pelar, como
McIntosh, poco picada
1 cucharadita de jugo fresco de
limón
4 cucharaditas de jugo
concentrado de manzana,
descongelado
1 cucharada de mayonesa sin grasa

1 cucharada de crema agria sin
grasa
⅛ de cucharadita de pimentón
½ taza de apio finamente picado
6 hojas grandes de lechuga,
lavadas
5 cucharaditas de nuez poco picada

1. En una bolsa de plástico con cierre, combine la manzana y el jugo de limón. Cierre la bolsa y agítela.

2. En un recipiente mediano, combine el jugo de manzana, la mayonesa, la crema y el pimentón; revuelva hasta que se incorporen. Agregue la mezcla de manzana y el apio; revuelva para bañarla. Tape y refrigere por 2 horas antes de servir.

3. Sirva la ensalada sobre hojas de lechuga. Corone cada porción con la nuez.

Rinde 2 porciones

De arriba abajo: Ensalada de Fruta con Mostaza y Miel, y Ensalada de Col con Manzana y Nuez *(página 83)*

EMPAREDADOS, PIZZAS Y MÁS

Emparedados de Berenjena, Pimiento y Queso

1 berenjena (225 g),
   en 18 rebanadas
   Sal y pimienta al gusto
⅓ de taza de mostaza Dijon
¼ de taza de aceite de oliva
2 cucharadas de vinagre de
   vino tinto
¾ de cucharadita de orégano seco

1 diente de ajo picado
6 piezas de pan francés (10 cm),
   en mitades
1 frasco (210 g) de pimiento rojo
   asado, en tiras
1½ tazas de queso mozzarella
   rallado (180 g)

Ponga las rebanadas de berenjena sobre una charola para hornear engrasada; sobrepóngalas un poco. Espolvoréelas ligeramente con sal y pimienta. Hornee a 200 °C de 10 a 12 minutos o hasta que estén suaves.

Combine la mostaza con el aceite, el vinagre, el orégano y el ajo. Barnice las rebanadas de berenjena con ¼ de taza de la mezcla de mostaza; ase la berenjena por 1 minuto.

Barnice la parte cortada del pan con el resto de la mezcla de mostaza. Coloque 3 rebanadas de berenjena, unas tiras de pimiento y ¼ de taza de queso en la parte inferior del pan. Acomode en el asador, con la parte cortada hacia arriba; ase hasta que el queso se funda. Cierre el emparedado y sirva de inmediato; adorne al gusto. *Rinde 6 emparedados*

Emparedados de Berenjena, Pimiento y Queso

Hamburguesas Vegetarianas

Hamburguesas Vegetarianas

½ taza de salsa para carne
¼ de taza de yogur natural
⅔ de taza de almendras rebanadas
⅔ de taza de maní con sal
⅔ de taza de semillas de girasol
½ taza de pimiento verde picado
¼ de taza de cebolla picada

1 diente de ajo picado
1 cucharada de vinagre de
    vino tinto
4 pitas (pan árabe) (de 12.5 cm),
    en mitades
4 hojas de lechuga
4 rebanadas de tomate rojo

Mezcle ¼ de taza de salsa para carne y el yogur. En la licuadora, procese la almendra, el maní, las semillas de girasol, el pimiento, la cebolla y el ajo hasta que estén picados. Con el motor encendido, vierta la salsa restante y el vinagre hasta que se incorporen; con esta mezcla forme 4 hamburguesas. Áselas durante 1½ minutos de cada lado; voltéelas una vez. En cada mitad de pita, ponga una hoja de lechuga, una hamburguesa, una rebanada de tomate y 2 cucharadas de la salsa.

Rinde 4 porciones

Emparedados de Verduras Asadas

900 g de verduras surtidas*
2 cucharadas de cebolla en polvo
⅓ de taza de aceite de oliva o
    vegetal
2 cucharadas de vinagre
    balsámico o de vino tinto

½ cucharadita de albahaca seca
    machacada
4 pitas (pan árabe) (de 20 cm),
    calientes
1 taza (120 g) de queso
    Montrachet, mozzarella,
    Jarlsberg o cheddar, rallado

Quite la rejilla del asador y acomode las verduras. Mezcle la cebolla en polvo, el aceite, el vinagre y la albahaca; revuelva hasta que incorporen; vierta sobre las verduras. Ase las verduras hasta que estén suaves. Para servir, corte una tira de 2.5 cm de cada pita. Rellene con las verduras y espolvoree con queso. Adorne, si lo desea, con lechuga picada y rebanadas de tomate.   *Rinde unas 4 porciones*

Utilice rebanadas de pimiento morrón rojo, verde o amarillo, champiñones, calabaza o berenjena.

Sloppy Joes sin Carne

Aceite en aerosol
2 tazas de cebolla, en rebanadas
    delgadas
2 tazas de pimiento morrón verde
    picado
2 dientes de ajo finamente picados
2 cucharadas de salsa catsup

1 cucharada de mostaza
1 lata (unos 435 g) de frijoles
    (judías) rojos, machacados
1 lata (225 g) de salsa de tomate
1 cucharadita de chile en polvo
    Vinagre de manzana
2 bollos, en mitades

1. Rocíe una sartén antiadherente grande con aceite en aerosol; caliente a fuego medio. Agregue la cebolla, el pimiento y el ajo. Fría por 5 minutos o hasta que las verduras estén suaves. Añada la salsa catsup y la mostaza.

2. Incorpore los frijoles, la salsa y el chile en polvo. Reduzca el fuego a medio-bajo. Cueza por 5 minutos o hasta que se espese; revuelva con frecuencia y adicione hasta ⅓ de taza de vinagre, si se seca. Corone las mitades de bollo con la mezcla de frijol.

Rinde 4 porciones

Bollos con Queso Asiago y Pimiento

2 cucharadas de aceite de oliva
1 pimiento morrón rojo, en tiras
1 pimiento morrón amarillo,
    en tiras
1 cebolla mediana, en rebanadas
    delgadas
1 cucharadita de tomillo seco

Salsa picante
Sal y pimienta al gusto
120 g de queso Asiago, en rebanadas
    delgadas
4 bollos para hot dog, abiertos a lo
    largo

En una sartén grande, caliente el aceite de oliva. Ponga los pimientos y fríalos a fuego medio por unos 6 minutos. Agregue la cebolla y cuézala hasta que las verduras estén suaves. Incorpore el tomillo, la salsa picante, sal y pimienta al gusto. Distribuya el queso en la mitad inferior de los bollos y corone con la mezcla de verduras. Sirva de inmediato.

Rinde 4 porciones

Sloppy Joe sin Carne

Rollos California de Verduras

1 caja (225 g) de queso crema,
   suavizado
½ cucharadita de ajo en polvo con
   perejil
½ cucharadita de lemon pepper
   (especia)
6 tortillas de harina grandes o
   12 de tamaño regular

1 manojo grande de espinaca,
   lavada y sin tallos
1½ tazas (180 g) de queso cheddar
   rallado
1½ tazas de zanahoria rallada
   Salsa

En un recipiente chico, combine el queso crema, el ajo en polvo y el lemon pepper. En
cada tortilla de harina, unte un poco de la mezcla de queso crema. Acomode encima las
hojas de espinaca, el queso cheddar y la zanahoria. Enrolle las tortillas. Córtelas en
rebanadas de 4 cm. Sirva con salsa. *Rinde 3 docenas*

Emparedados de Ensalada de Huevo

1 taza de huevo duro (cocido)
   picado
¼ de taza de apio picado
¼ de taza de cebolla picada
2 cucharadas de mayonesa sin
   grasa

12 rebanadas de pan de trigo
   entero
6 hojas de lechuga
1 tomate rojo grande,
   en 6 rebanadas delgadas

En un recipiente chico, combine el huevo, el apio, la cebolla y la mayonesa. En 6 rebanadas
de pan, ponga las hojas de lechuga y las rebanadas de tomate; coloque encima más o menos
¼ de taza de la ensalada de huevo y cubra con otra rebanada de pan.

Rinde 6 porciones

Tiempo de Preparación: 20 minutos

Rollos California de Verduras

Sándwich de Huevo

¼ de taza de sustituto de huevo
1 cucharadita de chile verde picado
1 pan para hamburguesa de trigo
    entero, en mitades y tostado

1 cucharada de salsa espesa,
    caliente
1 cucharada de queso cheddar y
    para fundir bajos en grasa,
    rallados

En una plancha o sartén un poco engrasada, vierta el huevo en un molde para huevo o un cortador de galletas de 10 cm ligeramente engrasado. Espolvoree el chile. Cueza de 2 a 3 minutos o hasta que la parte inferior del huevo empiece a cuajarse. Retire el molde y gire el huevo. Cueza de 1 a 2 minutos más o hasta que esté cocido.

Para servir, ponga la tortilla de huevo en la parte inferior del pan; corone con la salsa, el queso y la tapa de pan. *Rinde 1 sándwich*

Tiempo de Preparación: 10 minutos **Tiempo de Cocción:** 5 minutos

Pitas con Queso y Verduras

½ taza (120 g) de queso ricotta light
1 cucharada de leche
1 cucharada de mostaza Dijon
¾ de taza de floretes de brócoli
½ pimiento morrón rojo, en cubos
1 zanahoria chica rallada
⅓ de taza de champiñones frescos
    picados

2 cucharadas de cebollín,
    en rebanadas finas
1 taza (120 g) de queso cheddar
    rallado
4 pitas (pan árabe) (de 15 cm)
4 hojas de lechuga morada

En un recipiente mediano, combine el queso ricotta, la leche y la mostaza. Agregue el brócoli, el pimiento, la zanahoria, los champiñones, el cebollín y el queso cheddar; revuelva un poco. Con un cuchillo afilado, recorte un extremo de cada pita y ábrala para formar una bolsa. En cada bolsa ponga una hoja de lechuga. Sirva la mezcla de verduras en cada pita. *Rinde 4 sándwiches*

Baguette con Mora, Pepino y Brie

180 g de queso Brie, sin corteza y
en cubos
⅓ de taza de aderezo para
ensalada Ranch con pepino
1 hogaza (450 g) de pan francés o
italiano de masa fermentada
Hojas de lechuga

1½ tazas de frambuesas y fresas
(frutilla), en rebanadas
1 taza de pepino rebanado
12 rebanadas delgadas de diferentes
quesos, como Fontina, Havarti,
suizo o Colby
⅓ de taza de nuez picada

En un recipiente mediano, combine el queso brie y el aderezo. Corte el pan horizontalmente por la mitad. Quite el migajón de la parte inferior y deje una corteza de 2 cm; unte la mezcla de queso. Corone con la lechuga, las moras, el pepino, el queso y la nuez. Tape con la otra mitad de pan; afiance con palillos de madera largos. Rebane en porciones individuales. Sirva de inmediato o guarde los ingredientes en recipientes para ensamblar después.

Rinde de 6 a 8 porciones

Rollos Vegetarianos con Cereza

1 caja (90 g) de queso crema,
suavizado
1 cucharada de cebollín finamente
picado
1 cucharadita de jugo de limón
⅛ de cucharadita de pimienta
negra poco molida

4 tortillas de harina (de 18 cm)
1 taza de cerezas dulces picadas
1 pepino mediano, en rebanadas
delgadas
1 taza de germinado de alfalfa
4 hojas de lechuga

Combine el queso crema, el cebollín, el jugo de limón y la pimienta; revuelva bien. Unte las 4 tortillas con la mezcla de queso. Corone con las cerezas, el pepino, el germinado y la lechuga; enrolle las tortillas.

Rinde 4 porciones

Tiempo de Preparación: 15 minutos

Emparedados de Pita con Hummus

2 cucharadas de semillas de
  ajonjolí (sésamo)
1 lata (435 g) de garbanzo
1 a 2 dientes de ajo
¼ de taza de ramas de perejil
3 cucharadas de jugo fresco de
  limón
1 cucharada de aceite de oliva
¼ de cucharadita de pimienta
  negra poco molida

4 pitas (pan árabe)
2 tomates rojos, en rebanadas
  delgadas
1 pepino, en rebanadas
1 taza de germinado de alfalfa,
  enjuagado y escurrido
2 cucharadas de queso feta
  desmenuzado

1. En una sartén antiadherente chica, tueste las semillas de ajonjolí a fuego medio hasta que se doren un poco; revuelva con frecuencia. Retire de la sartén y deje enfriar. Escurra el garbanzo; conserve el líquido.

2. Ponga el ajo en el procesador de alimentos. Procéselo hasta que esté bien picado. Agregue el garbanzo, el perejil, el jugo de limón, el aceite de oliva y la pimienta. Procese hasta que se incorporen; limpie los costados del recipiente una vez. Si la mezcla queda demasiado espesa, añada de 1 a 2 cucharadas del líquido del garbanzo que conservó. Vierta el hummus en un tazón mediano. Incorpore las semillas de ajonjolí.

3. Corte las pitas por la mitad; unte unas 3 cucharadas de hummus. Reparta en las pitas el tomate, las rebanadas de pepino y el germinado. Espolvoree con el queso feta.

Rinde 4 porciones

Emparedados de Pita con Hummus

Hamburguesas Vegetarianas del Medio Oriente

⅓ de taza de lentejas roja secas sin cocer, limpias y enjuagadas

¼ de taza de arroz integral o basmati sin cocer

1 cucharada de aceite de oliva

450 g de champiñones frescos, en rebanadas

1 cebolla mediana picada

¾ de taza de queso parmesano rallado

½ taza de mitades de nuez, finamente picada

¼ de taza de cilantro fresco picado

2 huevos grandes

½ cucharadita de pimienta negra molida

6 bollos con ajonjolí (sésamo) tostados o mitades de pita tostadas

Mayonesa

Cebolla morada rebanada

Lechuga picada

Rebanadas de tomate rojo

Ponga la lenteja en una cacerola mediana; cubra con 2.5 cm de agua. Deje hervir; reduzca el fuego a bajo. Cueza, tapado, de 25 a 35 minutos hasta que se suavice. Enjuague y escurra. Mientras tanto, cueza el arroz siguiendo las instrucciones de la envoltura.

En una sartén grande, caliente el aceite a fuego medio. Agregue el champiñón y la cebolla picada. Fría de 20 a 25 minutos hasta que se dore el champiñón. En un recipiente grande, mezcle el champiñón, el queso, la nuez, la lenteja, el arroz, el cilantro, los huevos y la pimienta; revuelva bien. Tape y refrigere.

Caliente el asador. Engrase con aceite un molde para brazo gitano de 38×25 cm. Con la mezcla de lenteja, forme 6 hamburguesas (de 1.5 cm de grosor). Acomode las hamburguesas en el molde. Áselas, a 10 cm de la fuente de calor, de 3 a 4 minutos de cada lado o hasta que se doren; voltéelas una vez. Sirva sobre los bollos con mayonesa, cebolla morada, lechuga y tomate.

Rinde 6 porciones

Pitas con Espinaca, Tomate y Tofu

Pitas con Espinaca, Tomate y Tofu

Aceite en aerosol
¾ de taza de cebolla picada
1 cucharadita de ajo picado
1 caja (285 g) de tofu extra firme, escurrido y en cubos de 1.5 cm
2 cucharaditas de salsa de soya
¼ de cucharadita de pimienta negra molida
125 g de hojas de espinaca lavadas
4 pitas de trigo entero, en mitades
2 tomates rojos grandes picados
¾ de taza de pimiento morrón rojo picado

1. Rocíe una sartén antiadherente grande con aceite en aerosol; caliente a fuego medio. Agregue la cebolla y el ajo; fría por 2 minutos o hasta que la cebolla se suavice.

2. Ponga el tofu, la salsa de soya y la pimienta en la sartén; revuelva hasta que se combinen bien. Cueza a fuego medio de 3 a 4 minutos o hasta que todo se caliente. Retire del fuego y deje enfriar un poco.

3. Deje a un lado 8 hojas de espinaca enteras; parta el resto en trozos de un bocado. Coloque las hojas de espinaca enteras en las pitas. Agregue el tomate, la espinaca partida y el pimiento a la mezcla de tofu; revuelva. Rellene las pitas con la mezcla de tofu. Sirva de inmediato.

Rinde 4 porciones

Emparedado Muffaletta sin Carne

1 hogaza de pan francés o italiano (de 30 cm) sin rebanar
½ taza de aderezo de vinagreta de vino tinto
½ taza de mayonesa
2 cucharaditas de alcaparras
1 aguacate maduro, pelado, sin hueso y rebanado
½ taza de aceitunas verdes rebanadas

1 lata (60 g) de aceitunas negras sin hueso, rebanadas y escurridas
120 g de queso suizo rebanado
Hojas de albahaca fresca
4 tomates rojos rebanados o 120 g de tiras de pimiento asado
3 rebanadas delgadas de cebolla morada, en aros

Rebane el pan horizontalmente. Retire el migajón para dejar una corteza de 2 cm de grosor. (Con el migajón, haga pan molido; refrigérelo para otro uso.) Deje el pan a un lado. En el procesador de alimentos o en la licuadora, ponga el aderezo de vinagreta, la mayonesa y las alcaparras; procese hasta que se incorporen. Unte la mezcla en el interior del pan. En la rebanada inferior, acomode los ingredientes restantes. Tape con la otra mitad de pan; presione con firmeza. Envuélvalo apretado con envoltura plástica; refrigere por 30 minutos.

Rinde 4 porciones

Presentación: *Desenvuelva la hogaza; rebane en cuatro porciones de 7.5 cm. El sabor se mejora cuando el emparedado se sirve a temperatura ambiente. Si quiere que esté crujiente, ponga la hogaza sin cortar en el horno a 205 °C. Hornee de 15 a 20 minutos. Saque del horno, corte y rellene el pan como se indica.*

Nota: *Si lo desea, enjuague las aceitunas en agua fría para reducir la salinidad.*

Emparedado Muffaletta sin Carne

Sándwich Vegetariano

Sándwiches Vegetarianos

¼ de taza de mayonesa baja en
    grasa
1 diente de ajo picado
⅛ de cucharadita de mejorana seca
⅛ de cucharadita de estragón seco
8 rebanadas de Sabroso Pan
    Veraniego de Avena (página
    198) o pan de grano entero
8 hojas de lechuga

1 tomate rojo grande,
    en rebanadas delgadas
1 pepino chico, en rebanadas
    delgadas
4 rebanadas de queso cheddar
    bajo en grasa
1 cebolla morada mediana, en
    rebanadas delgadas y en aros
½ taza de germinado de alfalfa

En un recipiente chico, combine la mayonesa, el ajo, la mejorana y el estragón.
Refrigere hasta el momento de usar. Unte 4 rebanadas de pan con 1 cucharada de la
mezcla de mayonesa. Reparta la lechuga, el tomate, el pepino, el queso, la cebolla y el
germinado entre las rebanadas. Corone con otra rebanada de pan. Corte los sándwiches
por la mitad y sirva de inmediato.

Rinde 4 sándwiches

Hamburguesas de Verduras y Nuez

½ taza de cebolla picada
1 cucharada de ajo picado
1 cucharada de aceite de oliva
225 g de champiñón, en rebanadas
½ taza de nuez tostada
3 tazas de cereal de arroz inflado
1 taza de arroz integral cocido
1 taza de zanahoria rallada

¼ de taza de chile verde finamente picado
½ cucharadita de sal
¼ de cucharadita de pimienta negra
⅛ de cucharadita de pimienta de Cayena
2 claras de huevo

1. En una sartén antiadherente de 30 cm, a fuego medio, saltee la cebolla y el ajo en el aceite por 2 minutos. Agregue los champiñones y saltéelos durante 4 minutos o hasta que estén un poco suaves. Retire del fuego.

2. Pique un poco la nuez en el procesador de alimentos con la cuchilla de metal. Agregue el cereal, el arroz, la zanahoria, el chile, los sazonadores y la mezcla de champiñón. Procese accionando el botón de encendido/apagado por unos 15 segundos o hasta que la mezcla tenga una consistencia harinosa. Pase a un tazón e incorpore las claras de huevo; revuelva. Divida la mezcla en 6 porciones, más o menos de ½ taza cada una, y forme las hamburguesas. Colóquelas sobre una charola para hornear rociada con aceite en aerosol.

3. Ase, a 15 cm de la fuente de calor, por unos 5 minutos por lado o hasta que se doren. Sírvalas calientes en bollos con lechuga y tomate o con chutney.

Rinde 6 hamburguesas

Tiempo de Preparación: 35 minutos   **Tiempo de Asado:** 10 minutos

Falafel

¾ de taza de cebollín rebanado
½ taza de apio rebanado
2 dientes de ajo picados
1 lata (435 g) de garbanzo,
    escurrido
1 lata (435 g) de frijoles (judías)
    pintos, enjuagados y
    escurridos
1 huevo
2 cucharadas de harina de trigo
2 cucharaditas de jugo de limón
½ cucharadita de sal

½ cucharadita de comino molido
¼ de cucharadita de pimienta
870 g de tomate rojo cocido, poco
    picado y escurrido
½ taza de pepino picado
2 cucharaditas de aceituna negra
    sin hueso rebanada
1 taza de yogur natural sin grasa
½ cucharadita de hojas de
    menta seca
4 pitas (pan árabe), en mitades

Caliente una sartén chica rociada con aceite en aerosol. Fría el cebollín, el apio y el ajo hasta que estén suaves; retire del fuego. En el procesador de alimentos, muela los frijoles hasta que se uniformen. Vierta en un recipiente grande y revuelva con el huevo, la harina, el jugo, la sal, el comino y el chile. Agregue las verduras cocidas. Con la mezcla forme ocho hamburguesas. Caliente una sartén grande; rocíela con aceite en aerosol. Cueza las hamburguesas a fuego medio-bajo hasta que se doren un poco, por unos 5 minutos de cada lado.

En un recipiente chico, combine el tomate, el pepino y las aceitunas. En otro tazón chico, revuelva el yogur y la menta. Sirva el falafel con las pitas; acompañe con las mezclas de tomate y de yogur.

Rinde 8 porciones

Falafel

Sándwiches Asados de Queso y Tomate

8 rebanadas de pan de trigo
entero
180 g de queso mozzarella
semidescremado,
en 4 rebanadas
1 tomate rojo grande,
en 8 rebanadas delgadas
⅓ de taza de harina de maíz
amarillo

2 cucharadas de queso parmesano
rallado
1 cucharadita de hojas de
albahaca seca
½ taza de sustituto de huevo
¼ de taza de leche descremada
2 cucharadas de margarina
1 taza de salsa de tomate con poca
sal, caliente

En 4 rebanadas de pan, ponga 1 rebanada de queso y 2 rebanadas de tomate; cubra con otra rebanada de pan. En un trozo de papel encerado, mezcle la harina de maíz, el queso parmesano y la albahaca. En un tazón, bata el huevo y la leche. Derrita 1 cucharada de margarina en una sartén. Sumerja los sándwiches en la mezcla de huevo; enharine con la mezcla de harina de maíz. Coloque 2 sándwiches en la plancha; áselos por 3 minutos de cada lado o hasta que se doren. Repita el procedimiento con la margarina y los sándwiches restantes. Corte los sándwiches por la mitad; sírvalos calientes con la salsa de tomate para remojar. *Rinde 4 porciones*

Tiempo de Preparación: 20 minutos   **Tiempo de Cocción:** 14 minutos

Sándwich Asado de Queso y Tomate

Rápidos Rollos Jardineros

Pasta para Untar de Garbanzo
(receta más adelante)
4 tortillas de harina (de 15 cm)
½ taza de zanahoria rallada
½ taza de col morada rallada

½ taza (60 g) de queso cheddar
bajo en grasa rallado
4 hojas de lechuga morada
lavadas

1. Prepare la Pasta para Untar de Garbanzo.

2. Unte las tortillas con ¼ de taza de la Pasta; deje libre una orilla de 1.5 cm. Distribuya uniformemente 2 cucharadas de zanahoria, de col y de queso. Corone con 1 hoja de lechuga.

3. Enrolle las tortillas. Séllelas con Pasta para Untar de Garbanzo adicional.

4. Sirva de inmediato o envuelva apretado con envoltura plástica y refrigere hasta por 4 horas.
Rinde 4 porciones

Pasta para Untar de Garbanzo

1 lata (435 g) de garbanzo,
enjuagado y escurrido
¼ de taza de queso crema sin grasa
1 cucharada de cebolla finamente
picada
1 cucharada de cilantro picado

2 cucharaditas de jugo de limón
2 dientes de ajo
½ cucharadita de aceite oscuro de
ajonjolí (sésamo)
⅛ de cucharadita de pimienta
negra molida

1. En el procesador de alimentos, combine el garbanzo, el queso crema, la cebolla, el cilantro, el jugo de limón, el ajo, el aceite de ajonjolí y la pimienta; procese hasta que se incorporen.

Rápidos Rollos Jardineros

Emparedado Mediterráneo

Emparedados Mediterráneos

1 taza de yogur natural sin grasa
1 cucharada de cilantro fresco
   picado
2 dientes de ajo picados
1 cucharadita de jugo de limón
1½ tazas de pepino, en rebanadas
   delgadas y en mitades
1 lata (435 g) de garbanzo,
   escurrido y enjuagado

1 lata (400 g) de corazones de
   alcachofa, escurridos,
   enjuagados y poco picados
½ taza de zanahoria rallada
½ taza de cebollín picado
4 pitas (pan árabe) de trigo
   entero, en mitades

1. En un recipiente chico, combine el yogur, el cilantro, el ajo y el jugo de limón.

2. En un recipiente mediano, revuelva el pepino, el garbanzo, los corazones de alcachofa, la zanahoria y el cebollín. Incorpore la mezcla de yogur.

3. Distribuya la mezcla entre las mitades de pita. Adorne al gusto.   *Rinde 4 porciones*

Calzoni Vegetarianos

450 g de masa para pan congelada
1 bolsa (285 g) de brócoli picado, descongelado y bien escurrido
1 taza (225 g) de queso ricotta light
1 taza (120 g) de queso mozzarella rallado
1 diente de ajo picado

¼ de cucharadita de pimienta blanca
1 huevo batido con 1 cucharada de agua
1 frasco (450 g) de salsa para espagueti, caliente (opcional)
Queso parmesano rallado (opcional)

Descongele la masa; deje que suba siguiendo las instrucciones de la envoltura. Combine el brócoli, los quesos, el ajo y la pimienta. Golpee la masa; póngala sobre una superficie ligeramente enharinada. Divídala en 4 partes iguales. Trabajando con una sección a la vez, extiéndala y forme un círculo de 20 cm. En una mitad del círculo distribuya ¼ de taza de la mezcla de queso; deje libre una orilla de 2.5 cm. Doble la masa por la mitad para cubrir el relleno; presione y selle las orillas con un tenedor. Barnice con la mezcla de huevo. Acomode sobre una charola para hornear engrasada; hornee a 180 °C por 30 minutos o hasta que se dore y se esponje. Pase a una rejilla; deje enfriar por 10 minutos. Corone con la salsa caliente y queso parmesano. *Rinde 4 porciones*

Pizza Griega

¼ de taza de aceite de oliva
2 tazas de cebolla picada
3 dientes de ajo picados
3 bolsas (de 285 g cada una) de
    espinaca picada, descongelada
    y exprimida
½ taza de albahaca fresca picada
2 cucharadas de orégano fresco
    picado
2 cucharadas de jugo de limón
1 cucharadita de pimienta

10 hojas de pasta filo, descongelada
    siguiendo las instrucciones de
    la envoltura
⅓ de taza de mantequilla, derretida
4 tazas (450 g) de queso
    mozzarella rallado
3 tomates rojos medianos,
    en rebanadas delgadas
1 taza de pan molido estilo italiano
1 taza (120 g) de queso feta
    desmenuzado

En una sartén grande, caliente el aceite a fuego medio; ponga la cebolla y el ajo; fríalos por 5 minutos o hasta que la cebolla esté translúcida. Agregue la espinaca; cuézala hasta que se evapore el exceso de humedad. Incorpore la albahaca, el orégano, el jugo de limón y la pimienta. Revuelva bien. Deje enfriar un poco.

Con cuidado, desenrolle las hojas de pasta filo sobre una superficie seca y lisa. Cubra completamente la pasta con envoltura plástica y tape con una toalla húmeda. Trabaje con una hoja a la vez, vuelva a colocar el plástico y la toalla sobre el resto de pasta.

Barnice la hoja con mantequilla. Coloque el extremo largo de la masa a lo ancho en un molde para hornear de 33×23 cm. Coloque y barnice 2 hojas de pasta filo, una al lado de la otra, de manera que todo el molde quede cubierto. Repita el procedimiento con las hojas restantes. Enrolle la masa sobreponiéndola en las esquinas y dóblela sobre las orillas del molde para formar la "base para pizza". Barnice con mantequilla.

Extienda la mezcla de espinaca sobre la masa. Corone con 3 tazas de queso mozzarella. Distribuya los tomates con el pan molido y acomode sobre el queso. Corone con el queso mozzarella restante y el feta.

Hornee a 200 °C, de 25 a 30 minutos o hasta que se dore.

Rinde 12 porciones

Pizza Vegetariana

Pizza Vegetariana

2 a 3 tazas de verduras mixtas
   congeladas (brócoli, pimiento
   rojo, cebolla y champiñón)
1 base de pan italiano o para
   pizza, de unos 30 cm

1 a 1½ tazas de queso mozzarella
   rallado
Orégano seco, albahaca seca o
   sazonador italiano

• Caliente el horno siguiendo las instrucciones de la envoltura de la base para pizza.

• Coloque las verduras en un colador y enjuáguelas bajo el chorro de agua caliente. Escúrralas bien; séquelas con toallas de papel para eliminar el exceso de humedad.

• Distribuya la mitad del queso y todas las verduras en la base. Espolvoree con las hierbas; corone con el queso restante.

• Hornee, según las instrucciones de la envoltura de la base para pizza, hasta que esté caliente y burbujee.

Rinde de 3 a 4 porciones

Tiempo de Preparación: 5 minutos **Tiempo de Cocción:** 15 minutos

Pay Pizza Primavera

2 cucharadas de harina de maíz
amarilla
450 g de masa para pan,
descongelada
1½ tazas (180 g) de queso
mozzarella sin grasa
1 cucharada de aceite de oliva
extra virgen
1½ tazas de champiñones rebanados
1 cucharadita de ajo picado
2 tazas de floretes chicos de brócoli
o 1 calabacita grande, sin los
extremos y en rebanadas

1 pimiento morrón rojo grande,
sin semillas y en tiras delgadas
1 cebolla morada mediana, en tiras
3 tomates rojos maduros,
en rebanadas delgadas
¼ de taza (30 g) de queso
parmesano sin grasa
1 cucharada de orégano fresco
recortado o 1 cucharadita de
orégano seco
⅛ de cucharadita de hojuelas de
pimienta roja machacada

1. Caliente el horno a 220 °C. Con aceite en aerosol, rocíe una charola redonda para pizza de 40 cm o una charola para hornear de 38×25×5 cm; espolvoréela con la harina de maíz. Con delicadeza, presione la masa en el fondo y los costados de la charola. Distribuya encima 1 taza de queso mozzarella.

2. Con el aceite en aerosol, rocíe una sartén antiadherente; vierta el aceite y caliéntelo a fuego medio-alto. Agregue el champiñón y el ajo; saltéelos por 5 minutos; coloque sobre la pizza.

3. En la misma sartén, saltee el brócoli, el pimiento y la cebolla durante 5 minutos. Acomode las verduras sobre la pizza.

4. Corone la pizza con el tomate y espolvoree con el mozzarella restante, el parmesano, el orégano y la pimienta. Hornee de 15 a 20 minutos o hasta que la base esté dorada.

Rinde 8 porciones

Pay Pizza Primavera

Pizza Pita Mediterránea

Pizza Pita Mediterránea

2 cucharadas de aceite de oliva
2½ tazas (225 g) de berenjena pelada, en cubos
1 taza de calabacita rebanada
1 taza de champiñón fresco rebanado
¼ de taza de pimiento morrón verde picado
¼ de taza de cebolla picada
1 diente de ajo picado

1 taza (la mitad de una lata de 435 ml) de salsa para pizza
½ taza de aceitunas negras rebanadas
¼ de cucharadita de sal
⅛ de cucharadita de pimienta roja machacada
6 pitas (pan árabe) de 15 cm
1½ tazas (180 g) de queso mozzarella o fontina rallado

En una sartén, caliente el aceite. Agregue la berenjena, la calabacita, el champiñón, el pimiento, la cebolla y el ajo; saltee de 4 a 5 minutos o hasta que se suavicen.

Incorpore la salsa, las aceitunas, la sal y la pimienta; ponga a hervir. Reduzca el fuego a bajo; deje cocer, sin tapar, durante 5 minutos.

Tueste ambos lados de las pitas en el asador. Sirva la mezcla de verduras en cada pita; espolvoree con queso. Ase hasta que se funda el queso. *Rinde 6 porciones*

Pay Pizza Relleno

Masa para 2 bases para pay de 25 cm

5 huevos, ligeramente batidos

2 tazas (recipiente de 435 g) de queso ricotta

1 taza (120 g) de queso parmesano rallado

¼ de taza de cebolla picada

2 cucharadas de perejil fresco picado *o* 2 cucharaditas de perejil seco

1 diente grande de ajo picado

1¾ tazas (lata de 435 g) de salsa para pizza

1 cucharadita de sazonador de hierbas italianas

225 g de queso mozzarella, en rebanadas delgadas

½ taza de aceitunas negras sin hueso, rebanadas y escurridas

1 pimiento morrón verde chico, en tiras

Prepare la masa; divídala a la mitad. En una superficie ligeramente enharinada, extienda *la mitad* de la masa para formar un círculo de 30 cm; colóquela en el fondo y los costados de un molde para pay de 25 cm. Extienda *el resto* de la masa y forme un círculo de 30 cm; cubra y deje a un lado. En un recipiente mediano, combine los huevos, los quesos, la cebolla, el perejil y el ajo. En un recipiente chico, revuelva la salsa para pizza y el sazonador italiano. Distribuya *la mitad* de la mezcla de queso en la base del molde; cubra con capas de *la mitad* de la salsa, de queso mozzarella, de aceitunas y de tiras de pimiento. Repita las capas. Cubra con la base restante; selle la orilla. Haga unas rendijas en la corteza superior para permitir que escape el vapor. Hornee a 220 °C de 40 a 45 minutos o hasta que la masa esté ligeramente dorada. Deje reposar por 20 minutos antes de cortar en rebanadas y servir. *Rinde 8 porciones*

Pizza Mexicana Gruesa

Base Gruesa para Pizza
(página 165)
Aceite en aerosol
½ cebolla chica, en cubos
1 cucharadita de chile en polvo
½ cucharadita de comino molido
¼ de cucharadita de canela en polvo
1 lata (435 g) de frijoles (judías)
negros con poca sal,
enjuagados y escurridos
½ lata (120 g) de chiles verdes
picados (opcional)

1 taza (120 g) de queso cheddar
bajo en grasa, rallado
¾ de taza de tomate rojo, en cubos
½ taza de maíz descongelado
½ pimiento morrón verde, en cubos
½ lata (65 g) de aceitunas negras
rebanadas, escurridas
½ cucharadita de aceite de oliva
Salsa (opcional)
Crema agria baja en grasa
(opcional)

Prepare la Base Gruesa para Pizza. Caliente el horno a 240 °C.

Con el aceite en aerosol, rocíe una cacerola de 2 a 3 litros de capacidad. Caliente a fuego medio. Agregue la cebolla, el chile en polvo, el comino, la canela y 1 cucharada de agua; revuelva. Tape y cueza de 3 a 4 minutos. Incorpore el frijol y los chiles, si lo desea. Pase la mitad de la mezcla de frijol al procesador de alimentos; procese hasta que casi se incorpore.

Distribuya la mezcla de frijol sobre la base hasta la orilla gruesa. Corone con ½ taza de queso, el resto del frijol, el tomate, el maíz, el pimiento y las aceitunas. Corone con el queso restante. Hornee de 10 a 12 minutos o hasta que la base esté bien dorada. Barnice la orilla de la base con aceite de oliva. Adorne con cilantro, si lo desea. Corte en 8 rebanadas. Sirva con la salsa y la crema, si lo desea. *Rinde 4 porciones*

Pizza Mexicana Gruesa

Pizza de Ensalada

Base de Trigo Entero
(página 160)
¼ de taza de vinagre balsámico
1 cucharada de mostaza Dijon
1 cucharada de chalote picado
1 diente de ajo picado
1 cucharadita de azúcar
½ cucharadita de albahaca seca
½ cucharadita de orégano seco
½ cucharadita de pimienta negra
2 cucharadas de aceite de oliva

¾ de taza (90 g) de queso
mozzarella descremado o
suizo, bajos en grasa
2 cucharadas de queso parmesano
rallado
4 tazas de diferentes hojas para
ensalada, lavadas y partidas
½ taza de tomate cherry, en mitades
½ taza de cebolla morada rebanada
¼ de taza de pimiento morrón
amarillo picado

Prepare la Base de Trigo Entero. Caliente el horno a 240 °C.

Combine el vinagre, la mostaza, el chalote, el ajo, el azúcar, la albahaca, el orégano y la pimienta; bata para que se incorporen. Vierta gradualmente el aceite de oliva.

Espolvoree los quesos sobre la base. Hornee de 10 a 15 minutos o hasta que se dore la base y se funda el queso.

Mientras tanto, revuelva las hojas para ensalada, el tomate, la cebolla y el pimiento. Vierta encima la mezcla de vinagre; revuelva para bañar los ingredientes.

Retire la base del horno y corone con la ensalada. Corte en 8 rebanadas; sirva de inmediato.

Rinde 8 porciones

Base de Trigo Entero

1¼ tazas de agua caliente
(de 43 a 45 °C)
2 cucharadas de miel o azúcar
1 sobre (7 g) de levadura activa en
polvo

2 a 2½ tazas de harina de trigo
1 taza de harina de trigo entero
¼ de cucharadita de sal (opcional)
1 cucharada de harina de maíz

Pizza de Ensalada

En un recipiente chico, mezcle el agua y la miel; revuelva para disolver la miel. Espolvoree encima la levadura; disuélvala y déjela reposar por 5 minutos hasta que esté espumosa.

Combine 2 tazas de harina de trigo, la harina de trigo entero y la sal, si lo desea, en un recipiente grande. Vierta la mezcla de levadura. Revuelva hasta que se forme una masa suave. Ponga la masa en una superficie ligeramente enharinada. Amase de 5 a 10 minutos; agregue la harina de trigo restante, si es necesario, hasta que la masa esté suave y elástica.

Coloque la masa en un recipiente grande rociado con aceite en aerosol. Voltéela en el recipiente para cubrirla con el aceite; tape con una toalla o con envoltura plástica. Deje que suba en un lugar tibio, por 1½ horas o hasta que duplique su volumen. Golpee la masa y forme un disco. Con delicadeza, estire la masa hasta formar un círculo de 35 a 38 cm.

Con aceite en aerosol, rocíe un molde para pizza de 35 cm; espolvoree con harina de maíz. Acomode y presione la masa en el molde. Continúe con el relleno y el horneado según se indique en la receta. *Rinde 1 base gruesa de 35 cm*

161

Pizza Vegetariana con Base de Avena

1 taza de avena integral caliente, sin cocer
1 taza de harina de trigo
1 cucharadita de polvo para hornear
¾ de taza de leche descremada
3 cucharadas de aceite vegetal
1 cucharada de avena integral caliente, sin cocer
1 lata (225 g) de salsa de tomate con poca sal

1 taza de champiñones rebanados (unos 90 g)
1 pimiento morrón mediano verde, rojo o amarillo, o una combinación de ellos, en aros
½ taza de cebolla picada
1¼ tazas (150 g) de queso mozzarella rallado
½ cucharadita de orégano seco o sazonador italiano, machacados

Combine 1 taza de avena, la harina y el polvo para hornear. Agregue la leche y el aceite; revuelva bien. Deje reposar por 10 minutos.

Caliente el horno a 220 °C. Con aceite en aerosol, rocíe una charola redonda para pizza de 30 cm. Espolvoree 1 cucharada de avena. Con los dedos un poco engrasados, extienda la masa; forme la base y la orilla. Hornee de 18 a 20 minutos. Extienda parejo la salsa sobre la base parcialmente horneada. Corone con las verduras; espolvoree con el queso y el orégano. Hornee de 12 a 15 minutos más o hasta que se dore. Corte en 8 rebanadas.

Rinde 4 porciones

Pizza de Alcachofa, Aceitunas y Queso de Cabra

Base Gruesa para Pizza*
(página 165)
2 cucharaditas de aceite de oliva
2 cucharaditas de romero fresco
picado *o* **1 cucharadita de**
romero seco
3 dientes de ajo picados
½ taza (60 g) de queso para fundir
bajo en grasa, rallado
1 frasco (400 g) de corazones de
alcachofa envasados en agua,
escurridos y en cuartos

3 tomates deshidratados
envasados en aceite,
escurridos y en rebanadas
70 g de queso de cabra añejo suave,
como Montrachet, rebanado
o desmenuzado
10 aceitunas negras, sin hueso y
en mitades (más o menos
¼ de taza)

Prepare la Base Gruesa para Pizza.

Caliente el horno a 240 °C. Barnice la superficie de la base con aceite de oliva.
Espolvoree el romero y el ajo; barnice de nuevo para cubrirlos con el aceite. Hornee por
unos 4 minutos o hasta que la base empiece a dorarse.

Espolvoree con ¼ de taza de queso; deje libre una orilla de 2.5 cm. Corone con la
alcachofa, el tomate, el queso de cabra y las aceitunas. Espolvoree con el queso restante.
Regrese al horno y hornee de 3 a 4 minutos más o hasta que la base esté dorada y el
queso se haya fundido. Corte en 8 rebanadas. *Rinde 4 porciones*

**Omita de 10 a 20 minutos del tiempo que se da para que la masa suba, una vez que esté en la
charola. No pique la base con el tenedor, ni hornee de 4 a 5 minutos antes de acomodar los
ingredientes.*

Pizza de Tres Pimientos

Pizza de Tres Pimientos

1 taza (mitad de una lata de 420 g)
de salsa para pizza con tres
quesos

1 base para pizza (de 30 cm)

1½ tazas (180 g) de queso
mozzarella rallado

½ *pieza* de pimientos morrones
rojo, verde y amarillo, en aros

2 cucharadas de queso parmesano
rallado

1 cucharada de albahaca fresca
picada *o* 1 cucharadita de
albahaca seca machacada

Extienda la salsa sobre la base; deje libre una orilla de 2.5 cm. Distribuya *1 taza* de queso mozzarella, los pimientos, el queso mozzarella *restante* y el queso parmesano. Hornee según las instrucciones de la envoltura de la base para pizza o hasta que la base esté crujiente y el queso se funda. Espolvoree con albahaca. *Rinde 8 porciones*

Base Gruesa para Pizza

¾ de taza de agua caliente
(de 43 a 45 °C)
1 cucharadita de azúcar
7.5 a 15 g de levadura rápida o de
levadura activa en polvo

2½ tazas de harina de trigo
½ cucharadita de sal
1 cucharada de harina de maíz
(opcional)

En un recipiente chico, combine el azúcar y el agua; revuelva para disolver el azúcar. Espolvoree encima la levadura; revuelva. Deje reposar por 5 minutos hasta que esté espumosa.

En un recipiente grande, revuelva la harina y la sal. Incorpore la mezcla de levadura. Combine hasta que se forme una masa suave. Coloque la masa en una superficie ligeramente enharinada. Amase durante 5 minutos o hasta que esté suave y elástica; agregue harina adicional conforme sea necesario. Ponga la masa en un recipiente rociado con aceite en aerosol. Voltee la masa en el recipiente para cubrir la parte superior con aceite; tape con una toalla o con envoltura plástica. Deje que suba en un lugar tibio por 30 minutos o hasta que duplique su volumen.

Golpee la masa; póngala en una superficie ligeramente enharinada y amase durante 2 minutos o hasta que esté uniforme. Forme un disco plano de unos 20 a 23 cm de diámetro. Deje reposar de 2 a 3 minutos. Con cuidado, estire la masa por las orillas hasta que parezca que ya no puede estirarse más. Deje reposar de 2 a 3 minutos. Continúe estirándola hasta que mida de 30 a 35 cm de diámetro. Con aceite en aerosol, rocíe una charola para pizza de 30 a 35 cm; espolvoree con harina de maíz, si lo desea. Presione la masa en la charola. Tape con una toalla y déjela reposar en un lugar tibio de 10 a 20 minutos o hasta que se esponje un poco.

Caliente el horno a 240 °C. Pique la base con un tenedor a intervalos de 5 cm. Hornee de 4 a 5 minutos o hasta que la parte superior esté seca pero sin que se dore. Retire del horno. Continúe con el relleno y el horneado según se indique en la receta que esté preparando; hornee la pizza en la rejilla inferior del horno. *Rinde 1 corteza gruesa de 30 cm*

Desayunos Favoritos de Siempre

Burritos con Tomate y Albahaca para Desayunar

1 tomate rojo grande picado
2 cucharaditas de albahaca
   finamente picada *o*
   ½ cucharadita de
   albahaca seca
1 papa (patata) mediana, pelada y
   rallada (más o menos 1 taza)
¼ de taza de cebolla picada

2 cucharaditas de margarina
1 taza de sustituto de huevo
⅛ de cucharadita de pimienta
   negra molida
4 tortillas de harina (de 20 cm),
   calientes
⅓ de taza de queso cheddar bajo
   en grasa, rallado

En un recipiente chico, combine el tomate y la albahaca.

En una sartén antiadherente grande, saltee la papa y la cebolla con la margarina, a fuego medio, hasta que estén suaves. Vierta el huevo; espolvoree con pimienta. Cueza, revolviendo de vez en cuando, hasta que la mezcla se cueza.

Divida el huevo entre las tortillas; ponga el queso. Enrolle las tortillas. Corone con la mezcla de tomate.

Rinde 4 porciones

Tiempo de Preparación: 15 minutos **Tiempo de Cocción:** 25 minutos

Burritos con Tomate y Albahaca para Desayunar

Omelet Triple con Verduras

1 taza de brócoli finamente picado
½ taza de pimiento morrón rojo, en cubos
½ taza de zanahoria rallada
⅓ de taza de cebollín rebanado
1 diente de ajo picado
2½ cucharaditas de margarina
¾ de taza de queso cottage bajo en grasa
1 cucharada de pan molido
1 cucharada de queso parmesano rallado
½ cucharadita de sazonador italiano
1½ tazas de sustituto de huevo
⅓ de taza de tomate rojo picado
Perejil fresco picado, para adornar

En una sartén antiadherente de 20 cm, a fuego medio-alto, ponga 1 cucharadita de margarina y saltee el brócoli, el pimiento, la zanahoria, el cebollín y el ajo, hasta que estén suaves. Retire de la sartén e incorpore ½ taza de queso cottage. Consérvelo caliente. Combine el pan molido, el queso parmesano y el sazonador.

En la misma sartén, a fuego medio, derrita ½ cucharadita de margarina. Vierta ½ taza de huevo. Cueza; levante las orillas para permitir que fluya hacia abajo el huevo crudo. Cuando casi todo esté cocido, deslice la omelet, sin doblarla, a un platón que pueda meter al horno. Corónela con la mitad de la mezcla de verduras y la de pan molido.

Prepare 2 omelet más con el huevo y la margarina restantes. Ponga 1 omelet sobre las verduras y el pan molido; corone con la verdura y el pan molido restantes. Acomode encima la última omelet. Corone con el queso cottage y el tomate restantes. Hornee a 220 °C de 5 a 7 minutos o hasta que esté bien caliente. Adorne con el perejil. Corte en rebanadas antes de servir.

Rinde 4 porciones

Tiempo de Preparación: 20 minutos **Tiempo de Cocción:** 30 minutos

Omelet Triple con Verduras

Omelet con Pimiento Asado

Aceite en aerosol
¼ de taza de cebollín picado
¼ de taza de champiñones frescos rebanados
½ taza de salsa de pimiento rojo asado
8 claras de huevo, a temperatura ambiente

4 yemas de huevo
⅓ de taza de leche descremada
1 cucharada de mayonesa baja en calorías
¼ de cucharadita de pimienta negra poco molida
¼ de taza de dip para nachos (simple o picante)

Caliente el horno a 180 °C. Con el aceite en aerosol, rocíe una sartén antiadherente grande; caliente a fuego medio-alto. Agregue el cebollín y el champiñón; cueza hasta que estén suaves. Vierta la salsa; retire del fuego.

En el tazón grande de la batidora eléctrica, bata las claras de huevo a velocidad alta hasta que se formen picos duros. En otro tazón grande, combine las yemas de huevo, la leche, la mayonesa y la salsa; revuelva bien. Vacíe las claras de huevo en la mezcla de yemas. Con aceite en aerosol, rocíe una sartén de 20 cm *a prueba de calor*; caliente a fuego medio. Vierta la mezcla de huevo y, con delicadeza, alise la superficie. Reduzca el fuego a medio-bajo; cueza por 5 minutos o hasta que se esponje y se dore un poco la parte inferior; levante con cuidado las orillas de la omelet para revisarla. *No la revuelva.*

Meta al horno; hornee por 10 minutos o hasta que, al insertar en el centro un cuchillo, éste salga limpio. Sirva la mezcla de verdura que apartó sobre la mitad de la omelet; sirva cucharadas escasas del dip sobre las verduras. Afloje la omelet con una espátula; dóblela por la mitad. Con cuidado, deslícela a un platón caliente. Sírvala caliente.

Rinde 4 porciones

Omelet con Salsa de Queso

Omelet con Salsa de Queso

1 taza de sustituto de huevo
1 cucharada de leche
    semidescremada
    Aceite en aerosol
¼ de taza de champiñones frescos
    rebanados

¼ de taza de cebollín picado
¼ de taza de dip para nachos
    (simple o picante)
¼ de taza de salsa

En un recipiente chico, combine el sustituto de huevo y la leche; bata bien. Con aceite en aerosol, rocíe una sartén antiadherente mediana; caliente a fuego medio-alto. Agregue el champiñón y el cebollín; fría de 2 a 3 minutos o hasta que estén suaves. Retire la verdura de la sartén. En la misma sartén, vierta la mezcla de huevo; cueza a fuego bajo hasta que se cuaje; con una espátula, levante delicadamente la orilla para permitir que el huevo crudo fluya hacia abajo. *No revuelva.* Corone con la mezcla de verduras; encima sirva cucharadas de dip. Tape bien y deje reposar de 3 a 5 minutos. Doble la omelet por la mitad. Con cuidado, deslícela a un platón caliente. Corte por la mitad; sirva cada una con 2 cucharadas de salsa. *Rinde 2 porciones*

Pita Mañanera

Pita Mañanera

1 cucharadita de mantequilla
2 huevos, ligeramente batidos
¼ de cucharadita de sal
  Pizca de pimienta
1 pita (pan árabe) de trigo entero,
  en mitades

¼ de taza de germinado de alfalfa
2 cucharadas de queso cheddar
  rallado
2 cucharadas de tomate rojo
  picado
  Rebanadas de aguacate

En una cacerola de 1 litro de capacidad para microondas, derrita la mantequilla a temperatura ALTA durante 30 segundos. Sazone los huevos con sal y pimienta. Vierta el huevo en la cacerola. Hornee a temperatura ALTA de 1½ a 2½ minutos; revuelva una vez. No cueza de más; el huevo debe quedar suave y sin líquido. Abra la pita y rellene con el germinado. Reparta el queso y el huevo entre las mitades. Corone con el tomate y las rebanadas de aguacate.

Rinde 1 sándwich

Quiché Redondo de Queso

2 cucharadas de margarina o
    mantequilla
2 tazas de champiñones rebanados
6 cebollines rebanados (unas
    2 tazas)
1 paquete (225 g) de masa para
    croissants refrigerada,
    dividida en 8 triángulos

2 cucharadas de hierbas con
    limón en polvo
½ taza de crema y leche a partes
    iguales
4 huevos, batidos
1 taza (unos 120 g) de queso
    mozzarella rallado

Caliente el horno a 190 °C.

En una sartén de 30 cm, derrita la margarina a fuego medio y cueza el champiñón y el cebollín, revolviendo de vez en cuando, durante 5 minutos o hasta que estén suaves. Retire del fuego.

En un molde para pay de 23 cm rociado con aceite en aerosol, forme una estrella con los triángulos de masa, con las puntas estrechas unos 5 cm fuera del molde. Presione la masa en el fondo y el costado del molde para formar una base completa.

En un recipiente mediano, combine las hierbas, la crema con leche y los huevos. Incorpore el queso y la mezcla de champiñón. Vierta sobre la base para pay. Doble las puntas de la masa hacia el centro sobre el relleno. Hornee, sin cubrir, por 30 minutos o hasta que, al insertar en el centro un cuchillo, éste salga limpio.

Rinde unas 6 porciones

Quiché de Doble Cebolla

3 tazas de cebolla, en rebanadas delgadas
3 cucharadas de mantequilla o margarina
1 taza de cebollín, en rebanadas delgadas
3 huevos
1 taza de crema espesa

½ taza de queso parmesano rallado
¼ de cucharadita de salsa picante
1 sobre (30 g) de aderezo para ensalada Ranch en polvo
1 base de pasta (de 23 cm), horneada y fría
Rama de orégano fresco

Caliente el horno a 180 °C. En una sartén, derrita la mantequilla y fría la cebolla, por 10 minutos. Agregue el cebollín; cueza por 5 minutos. Retire del fuego; deje enfriar. Bata los huevos hasta que estén espumosos. Bata con la crema, el queso, la salsa picante y el aderezo para ensalada. Añada a la mezcla de cebolla fría. Vierta el huevo y la mezcla de cebolla en la base fría. Hornee hasta que se dore, de 35 a 40 minutos. Deje enfriar por 10 minutos antes de rebanar. Adorne con orégano. *Rinde 8 porciones*

Huevos Revueltos con Pimiento

1 cucharada de aceite vegetal
1 cebolla mediana, cortada a la mitad y rebanada
½ pimiento morrón verde, sin semillas y rebanado
½ pimiento morrón rojo, sin semillas y rebanado

4 huevos grandes
1 cucharada de agua
½ cucharadita de sal
½ cucharadita de salsa picante
1 cucharada de mantequilla o margarina
Pan tostado de trigo entero

• En una sartén, caliente el aceite. Fría la cebolla y los pimientos hasta que estén suaves. Bata los huevos, el agua, la sal y la salsa hasta que se incorporen. En una sartén antiadherente, derrita la mantequilla; vierta la mezcla de huevo. Revuelva con cuidado; levántela y gírela a medida que se espese. Siga revolviendo hasta que tenga la textura que desee. Sirva con la mezcla de pimiento y el pan tostado. *Rinde 2 porciones*

Quiché de Doble Cebolla

Soufflé de Espárragos y Queso

¼ de taza de sustituto de mantequilla sin sal
½ taza de cebolla amarilla picada
¼ de taza de harina de trigo
½ cucharadita de sal
¼ de cucharadita de pimienta de Cayena
1 taza de leche baja en grasa

1 taza (120 g) de queso suizo bajo en grasa, rallado
1 taza de sustituto de huevo o 4 huevos grandes
1 taza de espárragos frescos poco picados, cocidos, o trozos de espárragos descongelados y escurridos
3 claras de huevo grandes

1. Caliente el horno a 160 °C. Con aceite en aerosol, rocíe un molde para soufflé de 1½ litros de capacidad.

2. En una cacerola grande, derrita la mantequilla a fuego medio; agregue la cebolla y saltéela por 5 minutos o hasta que esté suave. Espolvoree la harina, la sal y la pimienta; cueza durante 2 minutos o hasta que burbujee. Vierta la leche y cueza, revolviendo sin cesar, por 5 minutos o hasta que la salsa se espese. Añada el queso y revuelva hasta que se derrita.

3. En un recipiente chico, bata el sustituto de huevo (o los huevos enteros). Vierta un poco de la salsa de queso caliente y bata; luego regrese la mezcla a la cacerola y bata hasta que se incorpore. Retire del fuego y agregue los espárragos escurridos.

4. En el tazón mediano de la batidora eléctrica, a velocidad alta, bata las claras hasta que se formen picos duros. Mezcle de forma envolvente la salsa de queso caliente con las claras; después vierta en el molde.

5. Ponga el soufflé sobre una charola para hornear y hornee por 50 minutos o hasta que se dore y se esponje.

Rinde 8 porciones

Soufflé de Espárragos y Queso

Frittata de Calabacita y Champiñón

Frittata de Calabacita y Champiñón

1½ tazas de sustituto de huevo
½ taza (60 g) de queso suizo bajo en grasa, rallado
¼ de taza de leche descremada
½ cucharadita de ajo en polvo
¼ de cucharadita de pimienta sazonada
Aceite en aerosol

1 calabacita mediana rallada (1 taza)
1 tomate rojo mediano picado
1 lata (de 120 g) de champiñón rebanado, escurrido
Rebanadas de tomate rojo y hojas de albahaca fresca, para adornar

En un recipiente mediano, combine el huevo, el queso, la leche, el ajo en polvo y la pimienta.

Con aceite en aerosol, rocíe un poco una sartén antiadherente de 25 cm que pueda meter al horno. A fuego medio-alto, saltee la calabacita, el tomate y el champiñón hasta que estén suaves. Vierta encima la mezcla de huevo; revuelva bien. Tape; cueza a fuego bajo durante 15 minutos o hasta que se cueza la parte inferior y casi cuaje arriba. Destape y ponga la sartén en un asador de 2 a 3 minutos o hasta que tenga el término deseado. Deslice a un platón; corte en rebanadas para servir. Adorne con las rebanadas de tomate y la albahaca.

Rinde 6 porciones

Frittata Light de la Hacienda

⅓ de taza de pimiento amarillo,
    en tiras
⅓ de taza de pimiento verde,
    en tiras
⅓ de taza de pimiento rojo, en tiras
⅓ de taza de cebollín picado
⅓ de taza de nuez picada

8 claras de huevo
2 yemas de huevo
2 cucharadas de yogur natural
    sin grasa
1 cucharada de queso Asiago o
    parmesano rallado

Caliente el horno a 180 °C. En una sartén a prueba de calor, cueza y revuelva los pimientos, el cebollín y la nuez. Bata las claras de huevo y las yemas; agregue el yogur. Vierta la mezcla en la sartén. Revuelva y cueza a fuego medio hasta que los huevos comiencen a cuajarse. Espolvoree con queso; hornee de 8 a 10 minutos o hasta que los huevos estén bien cuajados. Corte en rebanadas.   *Rinde 4 porciones*

Guisado de Tortilla y Chile para Almorzar

2 latas (de 210 g cada una) de chiles
    verdes enteros, en mitades
6 tortillas de maíz, en tiras
4 tazas (450 g) de queso para
    fundir rallado
1 taza de tomate rojo picado
    (1 mediano)
4 cucharadas de cebollín picado
    (unos 3)

8 huevos
½ taza de leche
½ cucharadita de sal
½ cucharadita de pimienta negra
    molida
½ cucharadita de comino molido
    Salsa picante espesa

DISTRIBUYA, en un refractario cuadrado de 18 cm, engrasado, *1 lata* de chiles, 3 tortillas y *2 tazas* de queso. Cubra con el tomate y *2 cucharadas* de cebollín; ponga otra capa con el chile, las tortillas y el queso *restantes* sobre el tomate. Bata los huevos, la leche, la sal, la pimienta y el comino en un recipiente mediano; vierta sobre la mezcla de chile. Hornee a 180 °C, de 40 a 45 minutos o hasta que se cuaje el centro. Deje enfriar por 10 minutos; espolvoree con el cebollín *restante*. Sirva con salsa.   *Rinde 8 porciones*

Almuerzo con Feta al Horno

1 pimiento morrón rojo mediano
570 g de espinaca fresca, lavada y
  sin tallos
6 huevos
180 g de queso feta desmoronado

⅓ de taza de cebolla picada
2 cucharadas de perejil fresco
  picado
¼ de cucharadita de eneldo seco
Pizca de pimienta negra molida

Caliente el asador. Coloque el pimiento sobre el asador forrado con papel de aluminio. Ase a 10 cm de la fuente de calor, de 15 a 20 minutos o hasta que se chamusque por todos lados; voltéelo cada 5 minutos con unas pinzas. Póngalo en una bolsa de papel; ciérrela y deje que se enfríe de 15 a 20 minutos. Para pelar el pimiento, corte alrededor del corazón, gire y desprenda. Corte por la mitad y desprenda la piel con un cuchillo para pelar; enjuáguelo bajo el chorro de agua fría para eliminar las semillas. Corte en trozos de 1.5 cm.

Para blanquear la espinaca, caliente 1 litro de agua en una olla de 2 litros de capacidad a fuego alto. Agregue la espinaca. Deje que hierva de 2 a 3 minutos hasta que esté suave. Escurra y de inmediato sumerja en agua fría. Escurra; deje reposar hasta que esté lo suficientemente fría para manejarla. Exprímala para eliminar el exceso de agua. Pique finamente con un cuchillo de chef.

Caliente el horno a 200 °C. Engrase un refractario de 1 litro de capacidad. En el tazón grande de la batidora eléctrica, a velocidad media, bata los huevos hasta que estén espumosos. Incorpore el pimiento, la espinaca, el queso, la cebolla, el perejil, el eneldo y la pimienta negra. Vierta el huevo en el refractario. Hornee por 20 minutos o hasta que se cueza. Deje reposar durante 5 minutos antes de servir. Adorne al gusto.

Rinde 4 porciones

Almuerzo con Feta al Horno

Strata de Tomate y Queso

420 g de tomate rojo cocido, en cubos
12 a 16 rebanadas de pan blanco
(o las necesarias)
2 tazas de leche
1 lata de pasta de tomate (400 g)
¾ de cucharadita de sal

360 g de queso mozzarella rallado
225 g de queso cheddar rallado
¼ de taza de queso parmesano
rallado
4 huevos, batidos

1. Caliente el horno a 180 °C. Unte con mantequilla una cacerola o un molde para soufflé de 2 litros de capacidad.

2. En un recipiente poco profundo, remoje las rebanadas de pan en la leche hasta que se suavicen, sin desbaratarse. Coloque una capa de rebanadas de pan en la cacerola.

3. Combine el tomate, la pasta de tomate y la sal. Distribuya una capa de la mezcla de tomate sobre las rebanadas de pan. Revuelva los quesos mozzarella y cheddar. Espolvoree una capa delgada sobre la mezcla de tomate. Continúe haciendo capas de pan, tomate y queso; conserve un poco de la mezcla de tomate y de queso. Termine con una capa de pan.

4. Haga varios hoyos en la parte superior. Vierta encima el huevo; permita que se absorba. Corone con la mezcla de tomate y el queso restantes. Espolvoree con queso parmesano.

5. Hornee a 180 °C de 50 a 60 minutos y sirva de inmediato.

Rinde de 4 a 6 porciones

Tiempo de Preparación: 20 minutos   **Tiempo de Horneado:** 50 a 60 minutos

Waffles de Chocolate

2 tazas de harina de trigo
¼ de taza de cocoa en polvo sin
    endulzar
2 cucharadas de azúcar
1 cucharada de polvo para hornear
½ cucharadita de sal

2 tazas de leche
2 huevos, batidos
¼ de taza de aceite vegetal
1 cucharadita de vainilla
Jarabe de Frambuesa (receta
    más adelante)

1. Caliente la wafflera; engrásela un poco.

2. En un recipiente grande, cierna la harina, la cocoa, el azúcar, el polvo para hornear y la sal. En un recipiente chico, combine la leche, los huevos, el aceite y la vainilla. Vierta los ingredientes líquidos sobre los secos; revuelva hasta que se humedezcan.

3. Para cada waffle, vierta en la wafflera unos ¾ de taza de la masa. Cierre la tapa y deje cocer hasta que deje de salir vapor.* Sirva con el Jarabe de Frambuesa.

Rinde unos 6 waffles

Revise las instrucciones del fabricante respecto a la cantidad de masa y el tiempo de cocción recomendados.

Jarabe de Frambuesa

1 taza de agua
1 taza de azúcar

1 bolsa (285 g) de frambuesa con
    jarabe, congelada

1. En una cacerola grande, combine el agua y el azúcar. Cueza a fuego medio; revuelva sin cesar hasta que se disuelva el azúcar. Continúe cociendo hasta que la mezcla se espese un poco, por unos 10 minutos.

2. Incorpore la frambuesa congelada; cueza y revuelva hasta que se descongele. Deje hervir; continúe cociendo hasta que el jarabe se espese un poco, de 5 a 10 minutos. Sirva caliente.

Rinde más o menos 1⅓ tazas

Delicioso Budín de Pan

8 rebanadas gruesas de pan blanco del día anterior, sin corteza
2 cucharadas de sustituto de mantequilla sin sal, suavizado
2 tazas (225 g) de queso suizo bajo en grasa, rallado
1 taza de manzana pelada y rallada

½ taza de sustituto de huevo o 2 huevos grandes
2 claras de huevo grandes
2 tazas de leche baja en grasa
½ cucharadita de sal
¼ de cucharadita de pimienta negra recién molida

1. Caliente el horno a 200 °C. Con aceite en aerosol, rocíe un refractario rectangular de 33×23×5 cm o uno ovalado de 3 litros de capacidad. Unte un poco de mantequilla en las rebanadas de pan. Corte el pan en 4 triángulos, para obtener 32 en total. En un recipiente chico, combine 1¾ tazas de queso con la manzana rallada.

2. En el tazón mediano de la batidora eléctrica, a velocidad alta, bata el sustituto de huevo (o los huevos enteros), las claras de huevo, la leche, la sal y la pimienta hasta que esté espumoso y amarillento.

3. Para armar el budín: Forre el refractario con 16 triángulos de pan. Cubra con la mezcla de manzana y queso; luego vierta la mitad de la mezcla de huevo. Acomode los triángulos restantes alrededor de la orilla y en el centro del refractario, sobreponiéndolos un poco conforme los acomoda.

4. Vierta encima el resto de la mezcla de huevo; después espolvoree con el queso restante. Hornee, sin tapar, por 35 minutos o hasta que esté dorado y crujiente.

Rinde 8 porciones

Delicioso Budín de Pan

Blintzes de Queso

Blintzes de Queso

Crepas Básicas (página 187)
1 recipiente (420 g) de queso
   ricotta o ricotta light
2 cucharadas de azúcar glass
1 cucharadita de vainilla
⅛ de cucharadita de nuez moscada
   molida

1 cucharada de margarina o
   mantequilla, derretida
Azúcar glass adicional
Crema agria
Puré de manzana
Mermelada de fresa (frutilla) o
   de frambuesa

Prepare las Crepas Básicas. Caliente el horno a 180 °C. Engrase generosamente un molde para hornear de 33×23 cm.

En el procesador de alimentos, procese el queso ricotta, el azúcar glass, la vainilla y la nuez moscada, por unos 30 segundos o hasta que se incorporen. Coloque unas 3 cucharadas de la mezcla en el centro de cada crepa. Doble hacia arriba la orilla inferior de la crepa para cubrir parcialmente el relleno; doble las orillas laterales, y luego enrolle completamente para encerrar el relleno.

Acomode los blintzes, con la unión hacia abajo, en el molde; barnice la parte superior con la margarina derretida. Hornee, sin tapar, de 15 a 20 minutos o hasta que estén bien calientes. Espolvoree con azúcar glass adicional. Sirva con crema agria, puré de manzana y mermelada.   *Rinde 4 porciones*

Crepas Básicas

1½ tazas de leche	¼ de taza de margarina o
1 taza de harina de trigo	mantequilla, derretida y fría
2 huevos	¼ de cucharadita de sal

En el procesador de alimentos, procese la leche, la harina, los huevos, 2 cucharadas de margarina y la sal. Deje reposar por 30 minutos. En una sartén antiadherente de 18 o 20 cm de diámetro, caliente ½ cucharadita de margarina. Procese la masa hasta que se integre. Vierta ¼ de taza de masa en la sartén; ladéela para extender la masa. Cueza de 1 a 2 minutos o hasta que la crepa se dore en las orillas y la parte superior esté seca. Con cuidado, voltee la crepa con una espátula; cuézala por 30 segundos. Acomode la crepa entre hojas de papel encerado para que se enfríe. Repita el procedimiento con la pasta restante; agregue la margarina restante sólo cuando sea necesario para impedir que se peguen.   *Rinde más o menos 1 docena de crepas*

Cebolla con Sémola y Crema Agria

1 taza de sémola instantánea	½ cucharadita de cebolla en polvo
½ taza de cebolla picada	½ cucharadita de ajo en polvo
½ taza de crema agria	½ cucharadita de sal (opcional)
1 caja (90 g) de queso crema	⅛ de cucharadita de pimienta
1 cucharada de margarina	negra molida
1 cucharada de perejil seco	

Caliente el horno a 180 °C. Engrase un molde para hornear de 2 litros de capacidad. Combine la sémola, la cebolla, la crema, el queso crema, la margarina, el perejil, la cebolla en polvo, el ajo en polvo, la sal y la pimienta negra; revuelva bien. Vierta en el molde. Hornee por 30 minutos. Sirva de inmediato.   *Rinde 8 porciones*

Hot Cakes Miniatura con Moras

1¼ tazas de harina de trigo
2 cucharadas de azúcar
2 cucharaditas de bicarbonato
   de sodio
1½ tazas de leche mazada
   (de mantequilla)

½ taza de sustituto de huevo
3 cucharadas de margarina,
   derretida
Cubierta de Moras (receta más
   adelante)

En un recipiente grande, combine la harina, el azúcar y el bicarbonato. Añada la leche, el huevo y 2 cucharadas de margarina; revuelva justo hasta que se incorporen.

Con un poco de margarina, barnice una plancha o una sartén antiadherente grande; caliente a fuego medio-alto. Vierta 1 cucharada abundante de masa sobre la plancha. Cueza hasta que burbujee; voltee y cueza hasta que empiece a dorarse. Repita con la masa restante y use el resto de la margarina según sea necesario para hacer 28 hot cakes. Sírvalos calientes con la Cubierta de Moras. *Rinde 28 hot cakes (de 5 cm)*

Cubierta de Moras: *En una cacerola mediana, a fuego medio-bajo, combine 1 bolsa (360 g) de moras mixtas,* descongeladas, ¼ de taza de miel y ½ cucharadita de raíz de jengibre rallada (o ⅛ de cucharadita de jengibre molido). Cueza y revuelva justo hasta que esté caliente y bien mezclado. Sirva sobre los hot cakes.*

*Puede sustituir por tres tazas de diferentes moras frescas.

Tiempo de Preparación: 20 minutos   **Tiempo de Cocción:** 20 minutos

Hot Cakes Miniatura con Moras

Waffles con Salsa de Fresa

2¼ tazas de harina de trigo
2 cucharadas de azúcar
1 cucharada de polvo para hornear
½ cucharadita de sal

2 huevos, batidos
¼ de taza de aceite vegetal
2 tazas de leche
Salsa de Fresa (receta más adelante)

1. Caliente una wafflera; engrásela un poco.

2. En un recipiente grande, cierna la harina, el azúcar, el polvo para hornear y la sal. En un recipiente mediano, combine los huevos, el aceite y la leche. Vierta los ingredientes líquidos sobre los secos; revuelva hasta que se humedezcan.

3. Para cada waffle, vierta unos ¾ de taza de la masa en la wafflera. Cierre la tapa y deje cocer hasta que deje de salir vapor.* Sirva con la Salsa de Fresa.

Rinde unos 6 waffles redondos

Revise las instrucciones del fabricante respecto a la cantidad de masa y el tiempo de cocción recomendados.

Salsa de Fresa

2 tazas de fresas (frutillas), sin cáliz
2 a 3 cucharadas de azúcar

1 cucharada de licor de fresa o de naranja (opcional)

En la licuadora o en el procesador de alimentos, licue las fresas, el azúcar y el licor. Tape; procese hasta obtener puré.

Rinde 1½ tazas

Waffles con Salsa de Fresa

Pan Francés Relleno de Fresa y Plátano

1 hogaza de pan francés (de 30 cm)
2 cucharadas de mermelada de
    fresa (frutilla)
120 g de queso crema, suavizado
¼ de taza de fresas (frutillas)
    picadas

¼ de taza de plátano (banana)
    picado
6 huevos, ligeramente batidos
¾ de taza de leche
3 cucharadas de mantequilla o
    margarina
Salsa de Fresa (página 190)

1. Corte el pan en ocho rebanadas de 4 cm de grosor. En cada rebanada, haga un corte a lo largo desde la parte superior del pan, casi hasta la base.

2. Para el relleno, combine la mermelada, el queso crema, las fresas y el plátano en un recipiente chico.

3. En cada abertura de pan, sirva una cucharada abundante del relleno de fresa y cierre presionando un poco.

4. En un recipiente ancho y poco profundo, bata los huevos y la leche. Agregue el pan; deje reposar para que se cubra; después voltéelo para mojar el otro lado.

5. En una sartén grande, caliente 2 cucharadas de mantequilla a fuego medio-alto. Acomode tantas rebanadas de pan como quepan; fría hasta que se doren. Voltee y cueza del otro lado. Retire y conserve caliente. Repita el procedimiento con el resto de las rebanadas de pan. Sirva con Salsa de Fresa. *Rinde 8 rebanadas*

Pan Francés Relleno de Fresa y Plátano

Pan Tostado Sunrise

2 tazas de sustituto de huevo sin colesterol
½ taza de leche evaporada semidescremada
1 cucharadita de ralladura de cáscara de naranja
1 cucharadita de vainilla
¼ de cucharadita de canela molida

1 frasco (285 g) de mermelada de naranja sin azúcar
1 hogaza (450 g) de pan italiano, en rebanadas de 1.5 cm de grosor (unas 20 rebanadas)
Aceite en aerosol
Azúcar glass
Jarabe sabor maple (opcional)

1. Caliente el horno a 200 °C. En un tazón mediano, combine el sustituto de huevo, la leche, la ralladura, la vainilla y la canela.

2. En la mitad de las rebanadas de pan, unte 1 cucharada de mermelada dejando libre un borde de 1.5 cm. Cubra con otra rebanada de pan.

3. Con aceite en aerosol, rocíe una plancha o una sartén grande; caliente a fuego medio. Remoje los emparedados en la mezcla de sustituto de huevo. No remoje de más. Cueza los emparedados por tandas, de 2 a 3 minutos de cada lado o hasta que se doren.

4. Pase los emparedados a una charola de 38×25 cm. Hornéelos de 10 a 12 minutos o hasta que se sellen los costados. Espolvoree con azúcar glass y acompañe con jarabe.

Rinde 5 porciones

Avena con Manzana

Avena con Manzana

1 taza de jugo de manzana
1 taza de agua
1 manzana mediana,
   descorazonada y picada

1 taza de avena tradicional
   sin cocer
¼ de taza de uvas pasa
⅛ de cucharadita de canela molida
⅛ de cucharadita de sal

Instrucciones para Microondas: En un recipiente de 2 litros de capacidad para microondas, combine el jugo de manzana, el agua y la manzana. Hornee a temperatura ALTA durante 3 minutos; revuelva a la mitad del tiempo de cocción. Agregue la avena, las uvas pasa, la canela y la sal; revuelva hasta que se incorporen. Hornee a temperatura MEDIA (50%) de 4 a 5 minutos o hasta que se espese; revuelva antes de servir. Adorne con rebanadas de manzana, si lo desea. *Rinde 2 porciones*

Instrucciones para Estufa: En una cacerola mediana, a fuego medio-alto, ponga a hervir el jugo de manzana, el agua y la manzana. Incorpore y revuelva la avena, las uvas pasa, la canela y la sal hasta que estén bien mezclados. Cueza, sin tapar, a fuego medio, de 5 a 6 minutos o hasta que se espese; revuelva de vez en cuando.

Parfaits de Tres Moras para el Desayuno

Parfaits de Tres Moras para el Desayuno

2 tazas de yogur de vainilla sin
    grasa ni azúcar
¼ de cucharadita de canela en polvo
1 taza de fresas (frutillas)
    rebanadas

½ taza de arándanos negros
½ taza de frambuesas
1 taza de granola baja en grasa
    sin uvas pasa

En un recipiente chico, combine el yogur y la canela. En un recipiente mediano,
revuelva la fresa, el arándano y la frambuesa. En cada copa, ponga una capa de ¼ de
taza de la mezcla de fruta, 2 cucharadas de granola y ¼ de taza de yogur. Repita las
capas. Adorne con hojas de menta, si lo desea. *Rinde 4 porciones*

Granola con Almendra y Dátil

2 tazas de avena sin cocer
2 tazas de hojuelas de cebada
1 taza de almendras rebanadas
⅓ de taza de aceite vegetal

⅓ de taza de miel
1 cucharadita de vainilla
1 taza de dátiles picados

1. Caliente el horno a 180 °C. Engrase un molde de 33×23 cm.

2. En un recipiente grande, combine la avena, las hojuelas de cebada y las almendras.

3. En un recipiente chico, revuelva el aceite, la miel y la vainilla. Vierta la mezcla de miel en la de avena; revuelva bien. Vacíe en el molde que preparó.

4. Hornee por unos 25 minutos o hasta que se tueste; revuelva con frecuencia después de los primeros 10 minutos. Incorpore el dátil a la mezcla caliente. Deje enfriar. Guarde en un recipiente hermético.   *Rinde 6 tazas*

Cereal de Avena en Microondas

1¾ tazas de agua
⅓ de taza de avena tradicional
⅓ de taza de salvado de avena

1 cucharada de azúcar morena
¼ de cucharadita de canela molida
⅛ de cucharadita de sal

Instrucciones para Microondas: En un tazón grande para microondas, combine el agua, la avena, el salvado, el azúcar, la canela y la sal (el cereal se expande rápido cuando se cuece). Cubra con envoltura plástica; haga unas perforaciones.

Hornee a temperatura ALTA por unos 6 minutos o hasta que se espese. Revuelva bien. Deje reposar durante 2 minutos antes de servir.   *Rinde 2 porciones*

Sabroso Pan Veraniego de Avena

Aceite en aerosol
½ taza de cebolla finamente picada
4¼ a 4½ tazas de harina de trigo
2 tazas de harina de trigo entero
2 tazas de avena sin cocer
¼ de taza de azúcar
2 sobres de levadura activa rápida
1½ cucharaditas de sal

1½ tazas de agua
1¼ tazas de leche descremada
¼ de taza de margarina
1 taza de zanahoria finamente rallada
3 cucharadas de perejil seco
1 cucharada de margarina, derretida

1. Con aceite en aerosol, rocíe una sartén antiadherente chica; caliente a fuego medio. Fría la cebolla por 3 minutos o hasta que esté suave.

2. En el tazón grande de la batidora, revuelva 1 taza de harina de trigo, la harina de trigo entero, la avena, el azúcar, la levadura y la sal. Caliente el agua, la leche y ¼ de taza de margarina en una cacerola mediana a fuego bajo, hasta que la mezcla alcance los 48 a 54 °C. Agregue la mezcla de harina. Bata a velocidad baja justo hasta que los ingredientes secos se humedezcan; bata por 3 minutos a velocidad media. Incorpore la zanahoria, la cebolla, el perejil y la harina restante hasta que la masa ya no esté pegajosa.

3. Sobre una superficie un poco enharinada, amase la masa de 5 a 8 minutos o hasta que esté suave y elástica. Póngala en un tazón grande ligeramente rociado con aceite en aerosol. Cubra y deje subir en un lugar caliente por unos 30 minutos o hasta que la masa duplique su volumen.

4. Con aceite en aerosol, rocíe dos moldes para pan de 20×10 cm. Golpee la masa; cúbrala y deje que suba por 10 minutos. Forme 2 hogazas; colóquelas en los moldes. Barnícelas con la margarina derretida. Cubra y deje subir en un lugar caliente durante 30 minutos o hasta que duplique su volumen. Mientras tanto, caliente el horno a 180 °C.

5. Hornee de 40 a 45 minutos o hasta que el pan suene hueco al golpearlo levemente. Desmolde; deje enfriar.

Rinde 2 hogazas (24 rebanadas)

Sabroso Pan Veraniego de Avena

Pan con Adormidera y Limón para el Té

PAN

2½ tazas de harina de trigo

¼ de taza de semillas de adormidera

1 cucharada de ralladura de cáscara de limón

2 cucharaditas de polvo para hornear

½ cucharadita de bicarbonato de sodio

½ cucharadita de sal

1 taza de azúcar

⅔ de taza de puré de manzana natural

1 huevo entero

2 claras de huevo, ligeramente batidas

2 cucharadas de aceite vegetal

1 cucharadita de extracto de vainilla

⅓ de taza de leche descremada

JARABE DE LIMÓN

¼ de taza de jugo de limón

¼ de taza de azúcar

1. Caliente el horno a 180 °C. Con el aceite en aerosol, rocíe un molde de 23×13 cm.

2. Para preparar el pan, revuelva la harina, la adormidera, la ralladura, el polvo para hornear, el bicarbonato y la sal en un tazón grande.

3. En un recipiente mediano, combine 1 taza de azúcar, el puré de manzana, el huevo, las claras de huevo, el aceite y la vainilla.

4. Incorpore la mezcla de puré de manzana a la de harina, alternando con la leche. Revuelva hasta que esté bien humedecido. Vierta la masa en el molde.

5. Hornee de 40 a 45 minutos o hasta que, al insertar en el centro un palillo, éste salga limpio. Deje enfriar en el molde. Invierta sobre una rejilla de alambre; voltéelo.

6. Para preparar el Jarabe de Limón, revuelva el jugo de limón y ¼ de taza de azúcar en una cacerola chica. Cueza, revolviendo con frecuencia, hasta que se disuelva el azúcar. Deje enfriar un poco. Con una brocheta metálica, pique la parte superior del pan. Barnícelo con el jarabe de limón. Deje reposar hasta que se enfríe. Corte en 16 rebanadas.

Rinde 16 porciones

De izquierda a derecha: **Pan con Adormidera y Limón para el Té y Pan Gloria Matutino (página 202)**

Pan Gloria Matutino

2½ tazas de harina de trigo
2 cucharaditas de polvo para
hornear
1 cucharadita de bicarbonato
de sodio
½ cucharadita de sal
½ cucharadita de canela molida
¼ de cucharadita de nuez moscada
¼ de cucharadita de pimienta
inglesa molida
¾ de taza de azúcar granulada
¾ de taza de azúcar morena

½ taza de puré de manzana con
trozos
3 claras de huevo
1 cucharada de aceite vegetal
1 cucharada de melaza
¾ de taza de zanahoria finamente
rallada
½ taza de uvas pasa
⅓ de taza de trozos de piña en su
jugo, escurrida
¼ de taza de coco rallado

1. Caliente el horno a 190 °C. Con aceite en aerosol, rocíe un molde para pan de 21×11 cm.

2. En un recipiente grande, combine la harina, el polvo para hornear, el bicarbonato, la sal, la canela, la nuez moscada y la pimienta inglesa.

3. En un recipiente mediano, revuelva el azúcar, el azúcar morena, el puré de manzana, las claras de huevo, el aceite y la melaza.

4. Incorpore la mezcla de puré de manzana a la de harina justo hasta que se humedezca. Integre y bata de forma envolvente la zanahoria, las uvas pasa, la piña y el coco. Vacíe en el molde.

5. Hornee de 45 a 50 minutos o hasta que, al insertar en el centro un palillo, éste salga limpio. Deje enfriar en el molde por 10 minutos. Invierta sobre una rejilla de alambre; voltéelo. Déjelo enfriar por completo. Córtelo en 16 rebanadas. *Rinde 16 porciones*

Original Muffin de Salvado de Trigo

1¼ tazas de harina de trigo
½ taza de azúcar
1 cucharada de polvo para hornear
¼ de cucharadita de sal

2 tazas de cereal de salvado de trigo
1¼ tazas de leche
1 huevo
¼ de taza de aceite vegetal
Aceite en aerosol

1. Combine la harina, el azúcar, el polvo para hornear y la sal.

2. En un tazón grande, revuelva el cereal y la leche. Deje reposar por unos 5 minutos o hasta que se suavice el cereal. Agregue el huevo y el aceite. Bata bien. Añada la mezcla de harina; revuelva justo hasta que se combinen. Reparta la pasta entre doce moldes para muffin de 6 cm, rociados con aceite en aerosol.

3. Hornee a 200 °C por unos 20 minutos o hasta que empiecen a dorarse. Sírvalos calientes.

Rinde 12 muffins

Para preparar muffins bajos en calorías, grasa y colesterol: *Utilice 2 cucharadas de azúcar, 2 cucharadas de aceite, cambie la leche por 1¼ tazas de leche descremada, y sustituya el huevo por 2 claras de huevo. Prepare y hornee como se indica.*

Pan de Avena con Arándano

Pan de Avena con Arándano

¾ de taza de miel
⅓ de taza de aceite vegetal
2 huevos
½ taza de leche
2½ tazas de harina de trigo
1 taza de avena instantánea
1 cucharadita de bicarbonato
   de sodio
1 cucharadita de polvo para
   hornear
½ cucharadita de sal
½ cucharadita de canela molida
2 tazas de arándano rojo fresco o
   congelado
1 taza de nuez picada

Combine la miel, el aceite, los huevos y la leche; revuelva bien. En un tazón, revuelva bien la harina, la avena, el bicarbonato, el polvo para hornear, la sal y la canela. Incorpore a la mezcla de miel. Integre de forma envolvente el arándano y la nuez. Vacíe en un molde de 20×10×5 cm para pan, engrasado y enharinado. Hornee a 180 °C de 40 a 45 minutos o hasta que, al insertar cerca del centro un palillo, éste salga limpio. Deje enfriar por 15 minutos en los moldes. Desmolde; deje enfriar por completo en rejillas.

Rinde 2 hogazas

204

Pan de Muchos Granos

2¾ a 3¼ tazas de harina de trigo
3 tazas de harina de trigo entero
2 sobres de levadura activa en
  polvo o levadura rápida
4 cucharaditas de sal
3 tazas de agua
½ taza de melaza oscura
¼ de taza de aceite vegetal

½ taza de harina de trigo
  sarraceno (alforfón)
½ taza de harina de centeno
½ taza de harina de soya
½ taza de harina de maíz amarilla
½ taza de avena instantánea
Mantequilla

En un tazón grande, combine 1½ tazas de harina de trigo, 2 tazas de harina de trigo entero, la levadura y la sal; revuelva bien. En una cacerola grande a fuego medio, ponga el agua, la melaza y el aceite; caliente hasta que alcance de 48 a 54 °C. Vierta sobre la mezcla de harina. Bata a velocidad baja hasta que se humedezca; bata por 3 minutos a velocidad media. Con la mano, incorpore gradualmente las harinas de trigo sarraceno, de centeno, de soya, de maíz, la avena, la harina de trigo entero restante y suficiente harina de trigo para obtener una masa firme. Amase sobre una superficie enharinada, de 5 a 8 minutos. Coloque la masa en un tazón grande engrasado; voltéela para engrasar la parte superior. Cúbrala con un trapo de cocina limpio; deje subir en un lugar caliente por 1 hora o hasta que duplique su volumen (unos 30 minutos, si utiliza levadura rápida).

Golpee la masa. Divídala en 2 partes. Sobre una superficie ligeramente enharinada, con cada mitad, forme una hogaza redonda.

Ponga las hogazas sobre una charola para hornear grande engrasada. Cúbralas y déjelas subir en un lugar caliente por unos 30 minutos o hasta que dupliquen su volumen (15 minutos, si utiliza levadura rápida).

Caliente el horno a 190 °C. Con un cuchillo afilado, haga cortes a lo ancho en la parte superior de cada hogaza. Hornee de 35 a 40 minutos hasta que el pan suene hueco cuando lo golpee. Si el pan comienza a oscurecerse demasiado, cúbralo sin apretar con papel de aluminio durante los últimos 5 a 10 minutos de horneado. Retire de la charola. Barnícelos con la mantequilla; déjelos enfriar sobre rejillas.   *Rinde 2 hogazas redondas*

Brochetas de Verduras a la Parrilla

1 pimiento morrón rojo o verde grande
1 calabacita grande
1 calabaza amarilla grande o calabacita adicional
360 g de champiñón grande
2 cucharadas de aceite de oliva

2 cucharadas de vinagre de vino tinto
1 caja (210 g) de arroz con hierbas y mantequilla
1 tomate rojo grande picado
¼ de taza de queso parmesano rallado

1. Corte el pimiento en 12 trozos de 2.5 cm. Corte la calabacita y la calabaza a lo ancho en 12 rebanadas de 1.5 cm. Revuelva el aceite con el vinagre; marine el pimiento, la calabaza, la calabacita y el champiñón en esa mezcla durante 15 minutos.

2. En 4 brochetas grandes, ensarte alternadamente las verduras marinadas. Barnícelas con la mezcla de aceite restante.

3. Prepare el arroz siguiendo las instrucciones de la caja.

4. Mientras se cuece el arroz, ase las brochetas en la parrilla, de 10 a 13 cm de la fuente de calor, hasta que las verduras estén suaves y doradas; voltéelas una vez.

5. Incorpore el tomate al arroz. Sirva el arroz y acomode encima las brochetas. Espolvoree con queso.

Rinde 4 porciones

Sugerencia para Servir: *Acompañe cada porción con ¾ de taza de yogur sin grasa.*

Brochetas de Verduras a la Parrilla

Strudel de Col y Queso

1 cucharada de aceite vegetal
1 taza de cebolla picada
½ taza de poro (puerro) rebanado
½ taza de champiñón botón
    rebanado
½ taza de tomate rojo, sin semillas
    y picado
¼ de pieza de col verde rallada
1 taza de floretes de brócoli,
    al vapor
1½ cucharaditas de semillas de
    alcaravea machacadas
1 cucharadita de eneldo seco

½ cucharadita de sal
¼ de cucharadita de pimienta
    negra molida
1 caja (225 g) de queso crema,
    suavizado
1 huevo, batido
¾ de taza de arroz integral cocido
¾ de taza (90 g) de queso cheddar
    rallado
6 hojas de pasta filo,
    descongeladas
6 a 8 cucharadas de margarina o
    mantequilla, derretida

En una cacerola grande, caliente el aceite a fuego medio. Ponga la cebolla y el poro; fríalos por 3 minutos. Agregue el champiñón y el tomate; cueza y revuelva por 5 minutos. Incorpore la col, el brócoli, 1 cucharadita de semillas de alcaravea, el eneldo, la sal y la pimienta. Tape; cueza a fuego medio de 8 a 10 minutos o hasta que se marchite la col. Destape; cueza durante 10 minutos más o hasta que la col esté suave y comience a dorarse. En un recipiente mediano, combine el queso crema, el huevo, el arroz y el queso cheddar. Incorpore a la mezcla de col y revuelva.

Caliente el horno a 190 °C. Desenrolle la pasta filo. Cúbrala con envoltura plástica y un trapo de cocina limpio y húmedo. Con la margarina, barnice 1 hoja de pasta. Corónela con 2 hojas más; barnícelas con margarina. Ponga la mitad de la mezcla de col a 5 cm del extremo corto de la hoja. Extienda la mezcla y cubra más o menos la mitad de la pasta. Enrolle la pasta por el extremo corto con el relleno. Acomode, con la unión hacia abajo, sobre una charola para galletas engrasada. Aplane un poco el rollo con las manos y barnícelo con margarina. Repita el procedimiento con la pasta, la margarina y la mezcla de col restantes. Espolvoree la parte superior de los rollos con ½ cucharadita de las semillas restantes.Hornee de 45 a 50 minutos o hasta que se dore. Deje enfriar por 10 minutos. Corte los rollos diagonalmente en 3 trozos con un cuchillo con sierra.

Rinde 6 porciones

Strudel de Col y Queso

Arroz Louisiana con Frijol Rojo

Arroz Louisiana con Frijol Rojo

1 caja (210 g) de arroz con hierbas
   y mantequilla
1 taza de pimiento morrón verde
   o amarillo picado
¾ de taza de cebolla picada
2 dientes de ajo picados
2 cucharadas de aceite vegetal o
   aceite de oliva
1 lata (435 o 450 g) de frijoles
   (judías) rojos o alubias,
   enjuagados y escurridos

420 o 450 g de tomate rojo o tomate
   estofado, con su jugo
1 cucharadita de tomillo seco u
   orégano seco
⅛ de cucharadita de salsa picante
   o pimienta negra
2 cucharadas de perejil picado
   (opcional)

1. Prepare el arroz siguiendo las instrucciones de la caja.

2. Mientras se cuece el arroz, ponga el aceite en una sartén grande y saltee el pimiento, la cebolla y el ajo durante 5 minutos.

3. Incorpore los frijoles, el tomate, el tomillo y la salsa picante. Deje cocer, sin tapar, por 10 minutos; revuelva de vez en cuando. Incorpore el perejil. Sirva sobre el arroz.

Rinde 5 porciones

Sugerencia para Servir: *Acompañe cada porción con un vaso de leche.*

Verduras Frescas Sobre Couscous

3 cucharadas de aceite de oliva o vegetal
900 g de diferentes verduras frescas*
1 lata (de 435 a 540 g) de garbanzos, enjuagados y escurridos
¼ de taza de uvas pasa doradas (opcional)

2 cucharadas de ajo con hierbas en polvo
1½ tazas de agua
2 cucharadas de jugo de limón
½ cucharadita de comino molido (opcional)
1 caja (285 g) de couscous, cocido según las instrucciones de la caja

En una sartén de 30 cm, caliente el aceite a fuego medio; fría las verduras, revolviendo de vez en cuando, durante 5 minutos o hasta que estén suaves. Agregue el garbanzo, las uvas pasa, el ajo en polvo disuelto en el agua, el jugo de limón y el comino. Cueza, revolviendo de vez en cuando, por 3 minutos. Sirva sobre el couscous caliente.

Rinde unas 4 porciones

*Utilice cualquier combinación de las siguientes verduras: calabacita, calabaza amarilla, cebolla morada, zanahoria, champiñón o pimiento morrón rojo o verde.

211

Calabaza Espagueti Primavera

2 cucharaditas de aceite vegetal
½ cucharadita de ajo finamente picado
¼ de taza de cebolla morada finamente picada
¼ de taza de zanahoria, en rebanadas delgadas
¼ de taza de pimiento morrón rojo, en rebanadas delgadas
¼ de taza de pimiento morrón verde, en rebanadas delgadas
420 g de tomates estofados estilo italiano
½ taza de calabaza amarilla, en rebanadas delgadas
½ taza de calabacita, en rebanadas delgadas
½ taza de maíz descongelado
½ cucharadita de orégano seco
⅛ de cucharadita de tomillo seco
1 calabaza espagueti (de unos 900 g)
4 cucharaditas de queso parmesano rallado (opcional)
2 cucharadas de perejil fresco finamente picado

1. En una sartén grande, caliente el aceite a fuego medio-alto. Ponga el ajo; fríalo por 3 minutos. Agregue la cebolla, la zanahoria y los pimientos; cuézalos y revuelva durante 3 minutos. Incorpore el tomate, la calabaza, la calabacita, el maíz, el orégano y el tomillo. Cueza por 5 minutos o hasta que esté bien caliente; revuelva de vez en cuando.

2. Corte la calabaza espagueti por la mitad a lo largo. Retire las semillas. Cúbrala con envoltura plástica. Hornee en el microondas a temperatura ALTA por 9 minutos o hasta que los filamentos de la calabaza se separen con facilidad, cuando la pique con un tenedor.

3. Corte cada mitad de calabaza por la mitad a lo largo; separe los filamentos con un tenedor. Sirva encima las verduras equitativamente. Antes de servir, corone las porciones con queso, si lo desea, y perejil.

Rinde 4 porciones

Calabaza Espagueti Primavera

Ensalada Encore

1½ tazas de vinagre blanco
1 taza de aceite de oliva
¼ de taza de azúcar
2 cucharaditas de sal
¾ de cucharadita de pimienta negra
1 diente de ajo picado
12 cebollas pera o cambray
1 taza de agua

1 coliflor chica, en floretes
2 tazas de alubia de ojo enlatada, enjuagada y escurrida
1 remolacha cocida, en cuartos
1 pimiento morrón verde, en tiras de 0.5 cm
1 lata (180 g) de aceitunas negras, escurridas, en mitades

En una cacerola mediana, combine el vinagre, el aceite, el azúcar, la sal, la pimienta y el ajo. Ponga a hervir a fuego alto, revolviendo sin cesar; deje enfriar por 5 minutos. Agregue la cebolla y el agua; deje que hierva. Tape y reduzca el fuego; deje cocer por 2 minutos o hasta que la cebolla esté suave; escúrrala. Añada la coliflor, la alubia, la remolacha, el pimiento y las aceitunas; refrigere durante 8 horas; revuelva de vez en cuando.

Rinde 6 porciones

Hot Cakes de Manzana-Papa

1¼ tazas de manzana sin pelar, finamente picada
1 taza de papa (patata) pelada, rallada
½ taza de puré de manzana natural

½ taza de harina de trigo
2 claras de huevo
1 cucharadita de sal
Puré de manzana natural o rebanadas de manzana adicionales (opcional)

1. Caliente el horno a 240 °C. Rocíe una charola para galletas con aceite en aerosol.

2. En un recipiente mediano, combine la manzana, la papa, el puré de manzana, la harina, las claras de huevo y la sal.

Hot Cakes de Manzana-Papa

3. Con el aceite en aerosol, rocíe una sartén antiadherente grande; caliente a fuego medio. Vierta cucharadas abundantes de pasta a 5 cm de distancia entre sí. Cueza de 2 a 3 minutos de cada lado o hasta que se doren un poco. Acomode los hot cakes en la charola que preparó.

4. Hornee de 10 a 15 minutos o hasta que estén crujientes. Sirva con puré de manzana o rebanadas de manzana adicionales, si lo desea. Refrigere el sobrante.

Rinde 12 porciones

Roulade de Espinaca y Queso

4 cucharaditas de margarina	½ taza de queso cottage bajo en grasa
2 cucharadas de harina de trigo	
1 taza de leche descremada	1 lata (225 g) de salsa de tomate sin sal
2 tazas de sustituto de huevo	
1 cebolla mediana picada	½ cucharadita de albahaca seca
285 g de espinaca, poco picada	½ cucharadita de ajo en polvo

En una cacerola chica, a fuego medio, derrita 3 cucharaditas de margarina; incorpore la harina. Cueza y revuelva hasta que se mezclen y burbujee; retire del fuego. Combine gradualmente la leche; regrese al fuego. Caliente hasta que hierva, revolviendo sin cesar, hasta que se espese; deje enfriar un poco. Incorpore el huevo. Distribuya la mezcla en un refractario engrasado de 40×26×2.5 cm, forrado con papel de aluminio también engrasado. Hornee a 180 °C durante 20 minutos o hasta que cuaje.

En una sartén mediana, saltee la cebolla en la margarina restante, hasta que se suavice. Agregue la espinaca y cuézala hasta que se marchite, por unos 3 minutos; incorpore el queso cottage. Conserve caliente.

Voltee la mezcla de huevo en un trozo grande de papel de aluminio. Distribuya la mezcla de espinaca; enrolle por el extremo corto. En una cacerola chica, combine la salsa de tomate, la albahaca y el ajo; caliente. Para servir, corte el rollo en 8 rebanadas; corone con la salsa caliente. *Rinde 8 porciones*

Tiempo de Preparación: 30 minutos **Tiempo de Cocción:** 25 minutos

Ensalada Invernal Caliente con Nuez

2 tazas de agua
1 cucharadita de sal
1 taza de bulgur o arroz blanco de grano largo
1 bolsa (450 g) de mezcla de verduras congeladas, como brócoli, maíz y pimiento rojo
½ taza de nuez picada

½ taza de cebollín picado
3 cucharadas de jugo de limón
3 cucharadas de perejil o chalote fresco picado
Pimienta recién molida
4 tazas de lechuga picada (media pieza)

ADEREZO

1 taza de yogur sin grasa
1 cucharada de jugo de limón

1 cucharada de perejil o chalote fresco picado

En una cacerola grande, ponga a hervir el agua con la sal a fuego alto. Agregue el bulgur y las verduras; revuelva. Cuando la mezcla vuelva a hervir, reduzca el fuego a bajo. Tape la cacerola y deje cocer por 15 minutos. Retire del fuego y deje reposar, tapado, durante 5 minutos.

Pase la mezcla a un recipiente grande. Añada la nuez, el cebollín, 3 cucharadas de jugo de limón y 3 cucharadas de perejil; revuelva. Sazone con pimienta al gusto. Acomode la lechuga alrededor de un platón grande.

Para hacer el aderezo, mezcle el yogur, 1 cucharada de jugo de limón y 1 cucharada de perejil en un recipiente chico.

Sirva la ensalada en el centro de la lechuga y rocíe un poco del aderezo sobre la ensalada. Acompañe con el resto del aderezo.

Rinde 4 porciones

Crepas de Berenjena con Salsa de Tomate Asado

Crepas de Berenjena con Salsa de Tomate Asado

Salsa de Tomate Asado
(página 219)
2 berenjenas (de 20 a 23 cm
de largo)
Aceite de oliva en aerosol
285 g de espinaca picada,
descongelada y seca

1 taza de queso ricotta
½ taza de queso parmesano rallado
1¼ tazas (150 g) de queso Gruyère
rallado
Orégano fresco para adornar

Prepare la Salsa de Tomate Asado. Corte la berenjena a lo largo en rebanadas de
0.5 cm de grosor. Acomode 18 de las rebanadas más largas, en una capa, en charolas
para hornear antiadherentes. Rocíe ambos lados de las rebanadas de berenjena con aceite
en aerosol. (Conserve las rebanadas de berenjena sobrantes para otro uso.)

Hornee la berenjena a 220 °C por 10 minutos; voltéelas y hornéelas de 5 a 10 minutos más. Deje enfriar. *Reduzca la temperatura del horno a 180 °C.* Combine la espinaca, el queso ricotta y el parmesano; revuelva bien. Rocíe un refractario de 30×20 cm con aceite en aerosol. Distribuya la mezcla de espinaca sobre las rebanadas de berenjena; enrolle las rebanadas, comenzando por los extremos cortos. Acomode los rollos, con la unión hacia abajo, en un refractario. Cúbralo con papel de aluminio y hornee por 25 minutos. Destape; espolvoree los rollos con el queso Gruyère. Hornee, sin cubrir, durante 5 minutos más o hasta que el queso se derrita. Sirva con la Salsa de Tomate Asado. Adorne, si lo desea. *Rinde de 4 a 6 porciones*

Salsa de Tomate Asado

20 tomates rojos maduros (1.200 kg), en mitades y sin semillas	½ cucharadita de sal
	⅓ de taza de albahaca fresca picada
3 cucharadas de aceite de oliva	½ cucharadita de pimienta negra molida

Caliente el horno a 230 °C. Aderece el tomate con 1 cucharada de aceite y la sal. Acomódelos, con el lado cortado hacia abajo, sobre una charola para hornear antiadherente. Hornee de 20 a 25 minutos o hasta que la piel esté ampollada. Déjelos enfriar. En el procesador de alimentos, procese el tomate, el aceite restante, la albahaca y la pimienta hasta que se incorporen. *Baje la temperatura del horno a 220 °C.*

Rinde más o menos 1 taza

Ensalada de Arroz con Queso Bel Paese

5 tazas de arroz cocido	120 g de aceitunas sin hueso, escurridas y en mitades
2 zanahorias, en rebanadas delgadas	6 a 8 ramas de perejil fresco picadas
1 lata (240 g) de corazones de alcachofa, escurridos y rebanados a la mitad	180 g de queso Bel Paese semisuave, en cubos

Coloque los ingredientes en una ensaladera. Revuelva. *Rinde de 4 a 6 porciones*

Polenta de Queso con Ensalada de Verduras

Polenta de Queso (receta más adelante)
1 cucharada de margarina o mantequilla
2 cucharaditas de aceite de oliva
1 bulbo de hinojo mediano con tallo, descorazonado y en rebanadas delgadas
1 taza de cebolla picada

2 cucharadas de cebollín cortado con tijeras
½ cucharadita de azúcar
2 zanahorias, en tiras julianas
120 g de coles de Bruselas medianas (de 6 a 8), en mitades
½ a 1 taza de caldo de verduras
Sal
Pimienta negra

Prepare la Polenta de Queso. En una sartén, caliente la margarina y el aceite hasta que se derrita la margarina. Agregue el hinojo; fríalo hasta que se dore por ambos lados. Coloque en un recipiente. Añada la cebolla, el cebollín y el azúcar. Cueza y revuelva hasta que la cebolla esté suave. Regrese el hinojo a la sartén. Incorpore la zanahoria, las coles de Bruselas y ½ taza de caldo. Ponga a hervir; reduzca el fuego. Tape y deje cocer hasta que las coles estén suaves, si es necesario, vierta más caldo para conservar húmeda la mezcla. Sazone al gusto con sal y pimienta. Con aceite en aerosol, rocíe una sartén antiaherente; caliéntela. Rebane la Polenta de Queso. Fríala durante 3 minutos por lado. Acomode las rebanadas en platos extendidos y sirva encima la mezcla de verduras.

Rinde de 4 a 6 porciones

Polenta de Queso

1 taza de agua fría
1 taza de harina de maíz amarillo
1½ tazas de agua hirviente

2 a 4 cucharadas de queso Gorgonzola desmenuzado
1 diente de ajo picado
1 cucharadita de sal

En una cacerola, ponga la harina de maíz y el agua; revuelva. Caliente a fuego medio. Poco a poco, vierta el agua hirviente. Deje que hierva. Reduzca el fuego. Cueza por 15 minutos o hasta que se espese la mezcla; revuelva sin cesar. Incorpore el queso, el ajo y la sal. Vierta en un molde redondo de 20 cm engrasado; deje reposar hasta que esté firme.

Rinde de 4 a 6 porciones

Polenta de Queso con Ensalada de Verduras

Ensalada Mediterránea de Verduras

2 tazas de couscous instantáneo
8 tazas de verduras poco picadas,
como pepino, tomate rojo,
rábano, apio, pimiento
morrón verde y /o cebolla
morada
1 taza de aceite de oliva
¼ de taza de mostaza Dijon
¼ de taza de jugo de limón

2 cucharadas de albahaca fresca
picada o 2 cucharaditas de
albahaca seca
2 cucharaditas de tomillo fresco
picado o 1 cucharadita de
tomillo seco
2 dientes de ajo picados
1 cucharadita de sal
120 g de queso de cabra
desmenuzado

Prepare el couscous siguiendo las instrucciones de la envoltura; espónjelo con un tenedor. Distribúyalo en un platón grande.

Coloque las verduras en una ensaladera. En la licuadora o el procesador de alimentos, ponga el aceite, la mostaza, el jugo de limón, las hierbas, el ajo y la sal. Tape y procese hasta que se mezclen bien. Vierta el aderezo sobre las verduras; mezcle para bañar uniformemente. Para servir, acomode las verduras sobre el couscous; espolvoree con queso.

Rinde de 4 a 6 porciones

Tiempo de Preparación: 20 minutos **Tiempo de Cocción:** 5 minutos

Ensalada de Tortellini y Espárragos

Ensalada de Tortellini y Espárragos

450 g de espárragos frescos,
en trozos de 1.5 cm
2 tazas de espinaca fresca,
en trozos de un bocado
1 taza de pimiento rojo picado
2 paquetes (de 250 g cada uno)
de tortellini chico relleno de
queso, cocido, escurrido y frío

¼ de taza de vinagre de vino tinto
2 cucharadas de aceite de oliva o
vegetal
1½ cucharaditas de jugo de limón
1 cucharadita de azúcar
1 cucharadita de sal de ajo

Acomode los espárragos en una canastilla para cocción al vapor; colóquela en una olla honda con 2.5 cm de agua hirviente. Tape y cueza al vapor por 10 minutos. Retírela. En la misma olla, cueza la espinaca al vapor en la canastilla, por unos 45 segundos o hasta que se marchite. En un recipiente grande, combine el espárrago, la espinaca, el pimiento rojo y el tortellini; revuelva bien. En un recipiente chico, mezcle el vinagre, el aceite, el jugo de limón, el azúcar y la sal de ajo; revuelva bien. Vierta sobre la mezcla de tortellini; revuelva bien. *Rinde 4 porciones*

Sugerencias: *Sustituya el espárrago por 1½ tazas de floretes de brócoli.*

Tabbouleh

¾ de taza de bulgur, enjuagado y
    escurrido
Agua hirviente
2 tazas de pepino sin semillas y
    picado
1 tomate rojo grande, sin semillas
    y picado
1 taza de perejil picado con tijeras
⅓ de taza de aceite vegetal

⅓ de taza de cebollín picado
2 cucharadas de jugo de limón
1 cucharadita de hojas de menta
    secas machacadas
2 dientes de ajo picados
½ cucharadita de sal
⅛ de cucharadita de pimienta
    blanca
⅛ de cucharadita de pimienta roja

Coloque el bulgur en un tazón mediano. Agregue suficiente agua hirviente para apenas
cubrirlo. Deje reposar durante 1 hora más o menos o hasta que se rehidrate. Escúrralo.
En un platón grande, mezcle el bulgur, el pepino, el tomate y el perejil. En un recipiente
chico, revuelva el resto de los ingredientes. Vierta sobre la mezcla de bulgur; revuelva
para bañar los ingredientes. Cubra; refrigere durante 3 horas por lo menos. Revuelva
antes de servir.   *Rinde de 10 a 12 porciones*

Ensalada de Alcachofa y Aceituna

450 g de ruedas de pasta seca,
    cocida, escurrida y fría
3½ tazas (840 g) de tomate rojo en
    trozos, sin escurrir
½ taza (frasco 180 g) de corazones
    de alcachofa envasados en
    agua, escurridos rebanados

½ taza (lata de 65 g) de aceitunas
    negras sin hueso, rebanadas
½ taza de aderezo italiano
¼ de taza de perejil fresco picado
¼ de taza de cebollín rebanado
½ taza de almendra rebanada,
    tostada

En un recipiente grande, mezcle la pasta, el tomate y su jugo, los corazones de alcachofa,
las aceitunas, el aderezo, el perejil y el cebollín; revuelva bien. Cubra y refrigere antes de
servir. Espolvoree la almendra poco antes de servir.   *Rinde 10 porciones*

Tabbouleh

Verduras con Arroz Integral

1 berenjena
2 cucharadas de sazonador de
   verduras sin sal
½ taza de jugo de manzana
2 tazas de cebolla picada
1½ tazas de pimiento morrón verde
   picado
1 taza de apio picado
2 tazas de caldo de verduras
1 cucharadita de ajo fresco picado

4 tazas de tomate rojo pelado,
   en cubos
3 hojas de laurel
3 tazas de champiñón fresco
   rebanado
1 taza de calabacita mediana,
   en cubos
1 taza de calabaza amarilla
   mediana, en cubos
Arroz Integral (página 227)

Pele la berenjena y rebánela en cuartos a lo largo. Espolvoree todas las superficies de la berenjena con 1 cucharada de sazonador.

Caliente una sartén antiadherente de 30 cm, a fuego alto, por unos 4 minutos. Ase la berenjena sazonada hasta que se dore, durante unos 2 minutos de cada lado. Vierta el jugo de manzana y cueza por unos 6 minutos, volteándola de vez en cuando, hasta que las superficies de la berejena estén pegajosas y caramelizadas. Retire la berenjena de la sartén.

En la sartén, combine la cebolla, el pimiento, el apio y 1½ cucharaditas de sazonador; cueza, revolviendo una o dos veces, hasta que se forme una corteza en la sartén, por unos 12 minutos. Vierta 1 taza de caldo y desprenda de la sartén todos los residuos dorados. Agregue el ajo y cuézalo hasta que las verduras estén doradas y dulces, por unos 5 minutos. Cuando se haya evaporado el líquido y se haya formado una nueva corteza, añada el tomate y desprenda los residuos. Incorpore las hojas de laurel, el champiñón, la calabacita, la calabaza, y el sazonador y el caldo restantes. Revuelva. Regrese la berenjena a la sartén; sumérjala por completo en la salsa. Reduzca el fuego a medio y deje cocer hasta que la berenjena esté suave, de 12 a 15 minutos. Sirva sobre el Arroz Integral.

Rinde de 6 a 8 porciones

Arroz Integral

1½ tazas de arroz integral de grano largo
2 hojas de laurel

3 tazas de caldo de verduras
½ cucharadita de sal

Ponga a fuego alto una olla de 2 litros de capacidad. Agregue el arroz y las hojas de laurel; dore por 2 minutos. Añada el caldo y la sal. Deje hervir; tape y reduzca el fuego a bajo. Deje cocer hasta que el arroz esté suave y el caldo se absorba, por unos 20 minutos.

Chimichangas Bajas en Grasa

1 lata (450 g) de frijoles (judías) negros, enjuagados y escurridos
225 g de tomates rojos estofados
2 a 3 cucharaditas de chile en polvo

1 cucharadita de orégano seco
22 a 24 tortillas de maíz (de 15 cm)
1 taza de cebollín entero finamente picado
1½ tazas (180 g) de queso Jarlsberg light rallado

En una cacerola mediana, revuelva los frijoles, el tomate, el chile en polvo y el orégano. Tape y deje cocer por 5 minutos. Destape y deje cocer, al tiempo que revuelve y machaca algunos frijoles con una cuchara de madera, por unos 5 minutos más. Caliente las tortillas; consérvelas calientes. Ponga 1 cucharada de la mezcla de frijol en el centro de cada tortilla. Distribuya encima una cucharadita escasa de cebollín y luego una cucharada escasa de queso. Doble los lados opuestos de las tortillas sobre la mezcla para formar paquetes cuadrados. Acomódelos con la unión hacia abajo sobre una sartén antiadherente. Repita el procedimiento con los ingredientes restantes. Caliente, tapado, a fuego bajo, de 3 a 5 minutos hasta que estén bien calientes y la parte inferior se dore. Sirva de inmediato o consérvelas calientes en un platón cubierto.

Rinde de 6 a 8 porciones

Ensalada Caribeña de Pasta con Aderezo Isla Tropical

1 lata de frijoles (judías) negros, escurridos y enjuagados
½ taza de jugo de naranja concentrado, descongelado
½ cucharadita de pimienta inglesa molida
180 g de pasta ondulada
1 cucharadita de aceite vegetal
4 tazas de lechuga romana, lavada y picada
1½ tazas de piña fresca en trozos

1 mango pelado y rebanado
1 taza de col rallada
⅓ de taza de cebolla picada
⅓ de taza de pimiento morrón rojo picado
225 g de yogur sabor piña colada
½ taza de jugo de naranja
1 cucharadita de jengibre fresco rallado
2 naranjas

1. En un recipiente mediano, combine el frijol, el jugo de naranja y la pimienta. Tape y refrigere por 1 hora; escurra y deseche el líquido.

2. Cueza la pasta siguiendo las instrucciones de la envoltura. Escúrrala y enjuáguela bajo el chorro de agua fría; vuelva a escurrirla. Regrésela a la olla; rocíela con aceite.

3. En 6 platos extendidos, distribuya la lechuga, la pasta, la piña, el frijol, el mango, la col, la cebolla y el pimiento.

4. Para preparar el aderezo, revuelva el yogur, ½ taza de jugo de naranja y el jengibre en un tazón chico. Con un pelador de verduras, desprenda la porción de color de la cáscara de 1 naranja. Pique finamente la cáscara hasta obtener 1 cucharada; incorpore al aderezo. Retire la parte blanca de la cáscara de la naranja y pele la otra naranja. Separe las naranjas en gajos; acomódelos sobre la ensalada. Sirva con el aderezo.

Rinde 6 porciones

Ensalada Caribeña de Pasta con Aderezo Isla Tropical

Verduras Mu Shu

Verduras Mu Shu

Salsa de Maní (página 231)
3 cucharadas de salsa de soya
2 cucharadas de jerez seco
1½ cucharadas de jengibre fresco
   picado
2 cucharaditas de fécula de maíz
1½ cucharaditas de aceite oscuro de
   ajonjolí (sésamo)
3 dientes de ajo picados
1 cucharada de aceite de maní
3 poros (puerros), lavados y en
   tiras de 5 cm

3 zanahorias, en tiras julianas
1 taza de champiñones shiitake
   frescos, en rebanadas delgadas
1 col napa chica rallada
2 tazas de germinado de frijol
   mung, enjuagado y escurrido
225 g de tofu firme, escurrido y en
   tiras de 6.5×0.5 cm
12 tortillas de harina (de 20 cm),
   calientes
¾ de taza de maní tostado con
   miel, finamente picado

Prepare la Salsa de Maní. En un recipiente chico, combine la salsa de soya, el jerez, el jengibre, la fécula de maíz, el aceite de ajonjolí y el ajo.

Caliente un wok a fuego medio-alto por 1 minuto. Rocíelo con el aceite de maní; caliente durante 30 segundos. Añada el poro, la zanahoria y el champiñón; sofríalos por 2 minutos. Agregue la col; sofríala durante 3 minutos o hasta que esté suave. Incorpore el germinado y el tofu; sofríalos por 1 minuto o hasta que se calienten. Revuelva la mezcla de salsa de soya y viértala en el wok; cueza y revuelva por 1 minuto o hasta que se espese.

En cada tortilla, unte 1 cucharadita de la Salsa de Maní. Ponga ½ taza de la mezcla de verduras en la mitad inferior de la tortilla; espolvoree con 1 cucharada de maní.

Doble la orilla inferior de la tortilla sobre el relleno; doble hacia adentro los costados. Enrolle para encerrar completamente el relleno. O sirva ½ taza de la mezcla de verduras en la mitad de la tortilla. Doble la parte inferior sobre el relleno y doble por la mitad. Acompañe con la Salsa de Maní restante.   *Rinde 6 porciones*

Salsa de Maní

3 cucharadas de azúcar
3 cucharadas de jerez seco
3 cucharadas de salsa de soya
    baja en sodio

3 cucharadas de agua
2 cucharaditas de vinagre de vino
    blanco
⅓ de taza de crema espesa de maní

En una cacerola chica, mezcle todos los ingredientes, excepto la crema de maní. Ponga a hervir a fuego medio-alto, moviendo sin cesar. Hierva por 1 minuto o hasta que se disuelva el azúcar. Incorpore la crema de maní; deje enfriar a temperatura ambiente.
Rinde ⅔ de taza

Consejo: *Las tortillas se pueden suavizar y calentar en el horno de microondas poco antes de usarlas. Apílelas y envuélvalas en envoltura plástica. Hornee a temperatura ALTA de ½ a 1 minuto; voltéelas y gírelas ¼ de vuelta una vez durante el tiempo de calentado.*

Platillo de la Granja

4 huevos
½ taza de leche
⅔ de taza de harina de trigo
½ cucharadita de sal
3 cucharadas de aceite de oliva
2 pimientos morrones rojos o
    verdes, sin semillas y en
    rebanadas delgadas
1 cebolla mediana rebanada
2 dientes de ajo picados
2 calabacitas o calabazas
    amarillas medianas,
    en rebanadas delgadas

1 taza de zanahoria, en rebanadas
    delgadas
8 tomates cherry, en mitades
2 cucharadas de eneldo picado
½ cucharadita de pimienta negra
    molida
  Aceite en aerosol
1 taza (120 g) de queso para
    fundir rallado
  Hojas de apio para adornar

En la licuadora o en el procesador de alimentos, licue los huevos, la leche, la harina y ¼ de cucharadita de sal hasta que se incorporen. Deje reposar por 15 minutos.

Caliente el horno a 230 °C. En una sartén grande, caliente 1 cucharada de aceite a fuego medio. Añada el pimiento, la cebolla y el ajo; fría 5 por minutos o hasta que empiecen a suavizarse. Coloque en un recipiente mediano. En la sartén, caliente 1 cucharada de aceite a fuego medio. Agregue la calabacita y la zanahoria; fría de 8 a 10 minutos o hasta que se suavicen. Retire del fuego. Incorpore la mezcla de pimiento a la sartén; añada el tomate, el eneldo, la sal restante y la pimienta negra. Conserve caliente.

Con aceite en aerosol, rocíe una sartén de 23 cm que pueda meter al horno; barnícela con el aceite restante. Ponga la sartén en el horno por 2 minutos o hasta que se caliente. Vierta la masa en la sartén. Hornee de 12 a 14 minutos o hasta que se dore un poco y se cueza bien.

Distribuya la verdura sobre la masa; espolvoree con queso. Hornee por 2 minutos más o hasta que se funda el queso. Corte en rebanadas. Adorne, si lo desea.

Rinde de 4 a 6 porciones

Platillo de la Granja

Ensalada de Tortellini al Ajillo

Ensalada de Tortellini al Ajillo

¼ de taza de mayonesa
¼ de taza de yogur natural
1 cucharada más 1½ cucharaditas
   de jugo de limón
1 cucharada de aceite de oliva
2 cucharaditas de cebollín fresco
   picado o ¼ de taza de
   cebollinos picados
1 a 1¼ cucharaditas de sal de ajo
1 cucharadita de sazonador de
   pimienta

250 g de tortellini frescos rellenos de
   queso o 225 g de espirales de
   pasta, cocidos y escurridos
1 pimiento morrón rojo mediano,
   en tiras delgadas
1 calabacita mediana, en tiras
   julianas
2 zanahorias medianas, en tiras
   julianas

En un recipiente chico, combine todos los ingredientes, excepto la pasta y las verduras. En un recipiente mediano, revuelva la pasta y las verduras; mezcle un poco. Vierta el aderezo; revuelva un poco para bañar los ingredientes. Refrigere durante 30 minutos por lo menos. Adorne al gusto. *Rinde de 4 a 6 porciones*

Presentación: Sirva con pan francés o de masa fermentada, tostado.

Burrito con Arroz Integral y Frijol Negro

1 cucharada de aceite vegetal
1 cebolla mediana picada
2 dientes de ajo picados
1½ cucharaditas de chile en polvo
½ cucharadita de comino molido
3 tazas de arroz integral cocido
1 lata (435 a 450 g) de frijoles (judías) negros, escurridos y enjuagados

1 lata (315 g) de maíz, escurrido
6 tortillas de harina (de 20 cm)
¾ de taza (180 g) de queso cheddar bajo en grasa rallado
2 cebollines, en rebanadas delgadas
¼ de taza de yogur natural bajo en grasa
¼ de taza de salsa preparada

En una sartén grande, caliente el aceite a fuego medio-alto. Agregue la cebolla, el ajo, el chile y el comino. Saltee de 3 a 5 minutos hasta que la cebolla esté suave. Agregue el arroz, los frijoles y el maíz; cueza y revuelva de 2 a 3 minutos o hasta que la mezcla esté bien caliente. Retire del fuego.

En el centro de cada tortilla, sirva ½ taza de la mezcla de arroz. Corone con el queso, el cebollín y el yogur. Enrolle y cubra con la salsa. *Rinde 6 porciones*

Tarta Texana de Cebolla y Pimiento

1 base para pay sencilla

1 cebolla grande (de 400 a 450 g), en rebanadas delgadas

1 cucharada de mantequilla o margarina

½ taza de pimiento morrón rojo picado

¼ de taza (60 g) de chile verde picado

1 taza (120 g) de queso para fundir con chile, rallado

1 taza de crema y leche a partes iguales

2 huevos

½ cucharadita de sal

¼ de cucharadita de pimienta negra

¼ de cucharadita de salsa picante

Acomode la base para pay en un molde para tarta de 23 cm con base desmontable o en un molde para pay de 23 cm. Con la mantequilla, saltee la cebolla a fuego medio hasta que esté muy suave y dorada, por unos 15 minutos. Agregue el pimiento y el chile; saltee por 2 minutos más. Refrigere la mezcla de cebolla de 15 a 20 minutos. Distribuya la mezcla de cebolla uniformemente en la base; corónela con queso. En un recipiente chico, mezcle la crema con leche, los huevos, la sal, la pimienta y la salsa picante. Vierta sobre el queso. Hornee a 190 °C por 45 minutos o hasta que el relleno esté dorado y cuajado.

Rinde unas 6 porciones

Tartas Individuales: *Corte 8 círculos (de 10 cm) de la base para pay. Presiónelos en el fondo y los costados de 8 moldes para tarta (de 10 cm). Siga las instrucciones para la tarta grande, y divida la mezcla uniformemente en cada base. Hornee a 190 °C de 30 a 35 minutos o hasta que el relleno esté dorado y cuajado.*

Rinde 8 tartas (de 10 cm)

Lentejas, Aceitunas y Queso Feta

3 tazas de caldo de verduras
1¾ tazas (360 g) de lentejas,
   enjuagadas y escurridas
1 diente de ajo picado
½ cucharadita de albahaca seca
   Aderezo de Menta (receta más
   adelante)

4 tazas de espinaca, enjuagada y
   firme
1 taza de aceitunas negras
   rebanadas
⅓ de taza de cebollín, en
   rebanadas delgadas
½ taza de queso feta desmenuzado
   Ramas de menta (opcional)

Ponga a hervir el caldo. Incorpore la lenteja, el ajo y la albahaca. Reduzca el fuego a bajo; tape y deje cocer hasta que la lenteja esté suave, por unos 30 minutos. Mientras se cuece la lenteja, prepare el Aderezo de Menta. Pique finamente 2 tazas de espinaca; tape. Retire la olla del fuego y escurra la lenteja, si es necesario. Con delicadeza, incorpore las aceitunas, la espinaca picada y la cebolla. En un platón, vierta la mezcla de lenteja sobre las 2 tazas de espinaca restantes y espolvoree con el queso. Rocíe con el Aderezo de Menta y adorne con ramas de menta, si lo desea.

Rinde unas 8 tazas

Aderezo de Menta: *Mezcle ⅓ de taza de jugo de limón, 3 cucharadas de aceite de oliva, 2 cucharadas de miel y ⅛ de cucharadita de sal y de pimienta. Poco antes de servir, incorpore 3 cucharadas de menta fresca picada.*

Tiempo de Preparación: Unos 20 minutos   **Tiempo de Cocción:** Unos 35 minutos

Fresca Ensalada de Pasta y Pimiento

5 cucharadas de aceite de oliva
4 pimientos morrones rojos o
  amarillos grandes,
  en rebanadas delgadas
2 dientes de ajo, en rebanadas
  delgadas a lo ancho
3 cucharadas de vinagre balsámico
½ cucharadita de sal
½ cucharadita de pimienta negra
  molida

225 g de ruedas de pasta
¾ de taza de albahaca fresca,
  sin tallos y lavada
1½ tazas de garbanzo de lata,
  escurrido y enjuagado
½ taza de queso parmesano
  rallado
⅓ de taza de nuez picada
¼ de taza de aceitunas verdes
  rebanadas (opcional)

En una sartén antiadherente grande, caliente 2 cucharadas de aceite a fuego medio. Agregue la mitad de las tiras de pimiento y el ajo; fría por 2 minutos. Tape y cueza por 10 minutos o hasta que estén bien suaves; revuelva de vez en cuando. Coloque los pimientos cocidos en el procesador de alimentos o en la licuadora. Vierta el aceite restante, el vinagre, la sal y la pimienta; procese hasta que se incorporen. Deje enfriar.

Cueza la pasta siguiendo las instrucciones de la envoltura. Escúrrala y póngala en una ensaladera. Agregue las tiras de pimiento restantes y el aderezo; revuelva para bañar los ingredientes. Deje enfriar un poco.

Apile unas hojas de albahaca; enróllelas. Corte el rollo en rebanadas de 0.5 cm de grosor; separe las tiras. Repita el procedimiento con las hojas restantes. Añada la albahaca, el garbanzo, el queso, la nuez y las aceitunas, si lo desea, a la mezcla de pasta; revuelva. Sirva a temperatura ambiente o fría.

Rinde 8 tazas

Fresca Ensalada de Pasta y Pimiento

Ensalada de Alubias de Ojo, Alcachofa y Mozzarella

4 alcachofas medianas
Jugo de 2 limones
Agua
1 cucharada de aceite de oliva
2 tazas de alubias de ojo de lata,
   escurrida y enjuagada
180 g de queso mozzarella
   semidescremado,
   en cubos de 1.5 cm

1 taza de apio rebanado
¾ de taza de cebolla morada
   finamente picada
½ frasco (120 g) de pimiento
   entero, conserve el jugo,
   en cubos de 0.5 cm
Vinagreta a las Hierbas (receta
   más adelante)
Hojas de lechuga

Desprenda las hojas exteriores oscuras de las alcachofas hasta que llegue a las verde pálido. Corte 3.5 cm de la parte superior y recorte el tallo. Corte las alcachofas a lo largo en cuartos. En un recipiente mediano, combine el jugo de limón y el agua. Coloque las alcachofas en el agua con limón. Retire y deseche las hojas chicas del centro del corazón. Retire y deseche la parte vellosa. Corte los cuartos de alcachofa a lo largo en rebanadas delgadas. En una sartén grande, caliente el aceite de oliva a fuego medio. Agregue la alcachofa; deseche el agua con limón. Cueza de 5 a 7 minutos o hasta que esté suave y un poco dorada. Deje enfriar y coloque en un recipiente grande. Incorpore el garbanzo, el queso, el apio, la cebolla, el pimiento y 1 cucharada del líquido del pimiento. Prepare la Vinagreta a las Hierbas. Vierta la vinagreta sobre la mezcla de alcachofa; revuelva con delicadeza. Cubra; refrigere por 4 horas; revuelva dos veces. Sírvala fría o a temperatura ambiente sobre lechuga.

Rinde 4 porciones

Vinagreta a las Hierbas

⅓ de taza de aceite de oliva
2 cucharadas de albahaca fresca
   picada
2 cucharadas de orégano fresco
   picado

2 cucharadas de jugo de limón
1 cucharada de vinagre balsámico
1 cucharadita de mostaza Dijon
½ cucharadita de pimienta negra
   molida

En un recipiente chico, bata todos los ingredientes hasta que se incorporen.

Rinde más o menos 1 taza

Ensalada de Alubias de Ojo, Alcachofa y Mozzarella

Tortas de Arroz con Ragoût de Champiñón y Nuez

Tortas de Arroz con Ragoût de Champiñón y Nuez

⅔ de taza de arroz arborio
1 huevo
1 clara de huevo
½ taza de queso parmesano
    rallado
3 cucharadas de cebollín picado
30 g de champiñón porcini seco
1 taza de agua hirviente
1 cucharada de aceite de oliva
1 cebolla mediana rebanada
2 dientes de ajo picados

225 g de champiñón botón rebanado
1 cucharadita de orégano seco
420 g de tomate rojo rebanado,
    sin escurrir
2 cucharaditas de jugo de limón
¼ de cucharadita de sal
½ cucharadita de pimienta negra
    molida
⅓ de taza de nuez tostada picada
    Queso Asiago o parmesano
    rallado

Cueza el arroz siguiendo las instrucciones de la envoltura. Déjelo enfriar. Caliente el horno a 180 °C. Con aceite en aerosol, rocíe un refractario cuadrado de 20 cm. En un recipiente mediano, bata el huevo y la clara de huevo hasta que se incorporen. Agregue el arroz, el queso parmesano y el cebollín; revuelva bien. Distribuya en el refractario y compacte un poco. Hornee de 20 a 25 minutos o hasta que se cueza. En un recipiente chico, remoje los champiñones secos en el agua hirviente; deje remojar de 15 a 20 minutos o hasta que estén suaves. Escúrralos; conserve el líquido. Pique los champiñones. En una sartén antiadherente grande, caliente el aceite a fuego medio. Agregue la cebolla y el ajo; cueza y revuelva por 5 minutos. Añada el champiñón fresco, el champiñón seco y el orégano; cueza y revuelva por 5 minutos o hasta que los champiñones frescos estén suaves. Escurra el tomate; conserve ¼ de taza del jugo. En la sartén, ponga el tomate, el jugo de tomate que conservó, el líquido de champiñón que conservó, el jugo de limón, la sal y la pimienta. Ponga a hervir. Reduzca el fuego a bajo. Deje cocer, sin tapar, por 15 minutos o hasta que se espese la salsa. Incorpore la nuez. Corte la torta de arroz en 8 rectángulos. Corone con el ragoût; espolvoree con queso.

Rinde 4 porciones

Pasta de Tres Leguminosas

450 g de tallarín de huevo mediano o ancho	1 pimiento morrón rojo, sin semillas, desvenado y picado
1 lata (435 g) de alubias, enjuagadas y escurridas	3 cucharadas de perejil fresco picado
1 lata (435 g) de garbanzo, enjuagado y escurrido	3 cucharadas de mostaza Dijon
1 taza de ejotes (judías verdes) descongelados	3 cucharadas de vinagre de vino tinto
1 cebolla morada chica picada	2 cucharadas de aceite vegetal

Cueza la pasta siguiendo las instrucciones de la envoltura; escúrrala. Enjuáguela bajo el chorro de agua fría y vuelva a escurrirla. En un recipiente grande, mezcle la pasta, las alubias, el garbanzo, el ejote, la cebolla y el pimiento. En un recipiente chico, combine los demás ingredientes. Combine la pasta con el aderezo y sirva. *Rinde 4 porciones*

Portobello y Pimiento Asados

1 frasco (225 g) de crema agria
1 cucharadita de eneldo seco
1 cucharadita de cebolla en polvo
2 cucharadas de aceite vegetal
1 diente grande de ajo picado
2 champiñones portobello, sin tallo

1 pimiento morrón verde grande,
    en cuartos
1 pimiento morrón rojo grande,
    en cuartos
6 tortillas de harina (de 15 cm),
    calientes

1. Prepare el asador para cocción directa.

2. En un recipiente chico, combine la crema agria, el eneldo y la cebolla en polvo. En otro recipiente chico, mezcle el aceite y el ajo.

3. Rocíe la parrilla con aceite en aerosol. Coloque los champiñones y los pimientos sobre la parrilla. Barnícelos con un poco de la mezcla de aceite; sazone con sal y pimienta negra al gusto.

4. Ase, con el asador tapado, por 10 minutos o hasta que los pimientos estén tostados y suaves, voltéelos a la mitad del tiempo de asado. Pase los champiñones y los pimientos a una tabla para cortar; córtelos en rebanadas de 2.5 cm.

5. Acomode en un platón. Sirva con la mezcla de crema agria y las tortillas.

Rinde de 4 a 6 porciones

Tiempo de Preparación y Cocción: 18 minutos

Sugerencia para Servir: Acompañe con frijoles refritos condimentados y salsa.

Portobello y Pimiento Asados

Ensalada de Arroz Salvaje con Ranch y Eneldo

3½ tazas de arroz salvaje cocido
1 bolsa (450 g) de brócoli, coliflor, vainas de chícharo y pimiento amarillo, descongelados y escurridos
1 taza de cebollín picado
½ taza de piñones o almendras ralladas, tostados
½ taza de queso parmesano rallado
½ taza de aceite de oliva
¼ de taza de eneldo fresco picado o al gusto
¼ de taza de pimiento morrón rojo picado
3 cucharadas de cebollinos frescos picados
1 sobre (30 g) de aderezo Ranch para ensalada en polvo
Pimienta negra recién molida
Hojas de radicchio o col morada

Pique las verduras en trozos chicos. En un recipiente grande, mezcle el arroz, las verduras, la cebolla, la nuez, el queso, el aceite, el eneldo, el pimiento, el cebollino, el aderezo en polvo y la pimienta negra; revuelva bien. Refrigere por 1 hora. Sirva sobre las hojas de radicchio o col.

Rinde de 8 a 10 porciones

Variante: *Agregue 120 g de blue cheese desmenuzado.*

Ensalada de Pasta y Verduras Asadas

6 zanahorias (unos 300 g), en trozos diagonales de 0.5 cm
⅓ de taza de aceite de oliva
1 cucharadita de azúcar
3 tazas de floretes de coliflor chicos
225 g de pluma de pasta sin cocer
2 cucharadas de vinagre de vino blanco
½ cucharadita de curry en polvo
¼ de cucharadita de sal
⅛ de cucharadita de pimienta roja molida
¼ de taza de cebollín fresco picado
3 cucharadas de almendra rebanada, tostada
120 g de queso de cabra desmenuzado

Ensalada de Pasta y Verduras Asadas

Caliente el horno a 200 °C. En un recipiente, ponga la zanahoria. Vierta 2 cucharaditas de aceite y el azúcar; revuelva hasta que la zanahoria esté bañada con el aceite. Distribúyala en una capa sobre una charola para hornear antiadherente. En el mismo recipiente, coloque la coliflor y báñela con 2 cucharaditas de aceite; distribuya la coliflor en una capa en otra charola para hornear antiadherente. Hornee hasta que las verduras estén suaves y empiecen a dorarse; rote las charolas después de 10 minutos. Pase las verduras a una ensaladera. Mientras tanto, cueza la pasta siguiendo las instrucciones de la envoltura. Escúrrala y póngala en la ensaladera. En un recipiente, mezcle el aceite restante, el vinagre, el curry en polvo, la sal y la pimienta. Vierta sobre la mezcla de pasta. Agregue el cebollín y la almendra; revuelva un poco. Deje enfriar. Espolvoree con queso. *Rinde 4 porciones (de 2 tazas)*

Arroz Integral Primavera

1¼ tazas de agua
½ taza de arroz integral de grano largo, sin cocer
½ cucharadita de sal
¼ de cucharadita de albahaca seca machacada
⅛ de cucharadita de pimienta negra
1 cucharada de aceite vegetal
1 zanahoria, pelada y en cubos (una ½ taza)

1 calabacita chica, en cubos (una ½ taza)
1 calabaza amarilla chica, en cubos (una ½ taza)
1 pimiento morrón rojo chico, sin semillas y en cubos (una ½ taza)
2 cebollines, en rebanadas delgadas (¼ de taza)

1. En una cacerola mediana, ponga a hervir el agua a fuego medio. Agregue el arroz, la sal, la albahaca y la pimienta negra. Reduzca el fuego. Tape y deje cocer de 40 a 45 minutos o hasta que se absorba el agua y el arroz esté suave.

2. En una sartén grande, caliente el aceite a fuego medio-alto. Añada la zanahoria, la calabacita, la calabaza, el pimiento y el cebollín. Cueza y revuelva de 5 a 7 minutos o hasta que estén suaves.

3. Pase el arroz a un platón. Incorpore las verduras; revuelva para mezclar. Sirva de inmediato.

Rinde 4 porciones

Verduras al Curry

1 sobre (210 g) de arroz con hierbas y mantequilla
⅓ de taza de uvas pasa
2 cucharadas de margarina y mantequilla
1 cebolla mediana picada
2 dientes de ajo picados
1 cucharada de harina de trigo

2 cucharaditas de curry en polvo
1 bolsa (450 g) de mezcla de zanahoria, brócoli y pimiento rojo congelados
1 taza de agua
½ cucharadita de sal (opcional)
¼ de taza almendra rebanada, tostada (opcional)

1. Cueza el arroz siguiendo las instrucciones de la envoltura; agregue las uvas pasa junto con el contenido del sobre del sazonador.

2. En una cacerola de 3 litros de capacidad, derrita la margarina a fuego medio. Añada la cebolla y el ajo; saltéelos de 3 a 4 minutos. Incorpore la harina y el curry en polvo; cueza por 30 segundos; revuelva con frecuencia.

3. Agregue las verduras congeladas, el agua y la sal. Tape y hierva a fuego alto. Reduzca el fuego y continúe cociendo durante 10 minutos; revuelva de vez en cuando.

4. Sirva el arroz coronado con la mezcla de verdura; espolvoree con la almendra.

Rinde 4 porciones

Sugerencia para Servir: *Acompañe cada porción con 1 taza de yogur sin grasa o bajo en grasa.*

Ensalada de Pasta Picante Estilo Baja

1 paquete (360 g) de pluma de pasta con chile
¾ de taza de zanahoria, en tiras julianas
¾ de taza de cebolla morada, en tiras julianas
¾ de taza de pepino pelado, sin semillas y en cubos
¾ de taza de aguacate picado
¼ de taza de cilantro picado

⅓ de taza de aceite de oliva extra virgen
¼ de taza de vinagre de vino blanco
¼ de taza de jugo de limón
1 cucharadita de orégano seco
½ cucharadita de cebolla en polvo
½ cucharadita de ajo en polvo
Sal y pimienta al gusto
⅓ de taza de queso romano rallado

Cueza la pasta siguiendo las instrucciones de la envoltura. Cuando la pasta esté al dente, póngala en un colador y enjuáguela bajo el chorro de agua fría, hasta que se sienta fría al tacto. Escúrrala bien y colóquela en un recipiente grande. Agregue la zanahoria, la cebolla, el pepino, el aguacate y el cilantro. En un recipiente chico, añada el aceite de oliva, el vinagre, el jugo de limón y todas las especias restantes; revuelva. Vierta el aderezo sobre la ensalada. Revuelva bien. Espolvoree con queso romano y sirva. *Rinde 4 porciones*

Ensalada de Pasta al Pesto

ENSALADA DE PASTA

225 g de tornillos de pasta de tres
colores

3 pimientos morrones chicos
(1 verde, 1 rojo y 1 amarillo),
sin semillas y en tiras
delgadas

2 tazas de tomates cherry,
sin tallos y en mitades

180 g (1 pieza) de queso mozzarella
sin grasa, en cubos de 1.5 cm
(1½ tazas)

1 taza de zanahoria, en rodajas
delgadas

1 taza de cebolla morada, en tiras
delgadas

1 taza de albahaca fresca cortada
con tijeras

ADEREZO CONDIMENTADO

½ taza (60 g) de queso parmesano
sin grasa, rallado

⅓ de taza de perejil fresco

⅓ de taza de aceite de oliva extra
virgen

⅓ de taza de vinagre de vino tinto

2 dientes grandes de ajo

1 cucharada de mostaza Dijon de
grano entero

¾ de cucharadita de pimienta
negra recién molida

½ cucharadita de sal

1. Para la Ensalada de Pasta: Cueza la pasta siguiendo las instrucciones de la envoltura hasta que esté al dente. Escúrrala en un colador; enjuáguela bajo el chorro de agua fría y vuelva a escurrirla. Ponga la pasta en un recipiente grande y mezcle con el resto de los ingredientes de la ensalada.

2. Para el Aderezo Condimentado: En un procesador de alimentos o en la licuadora, procese todos los ingredientes del aderezo durante 30 segundos o hasta que se incorporen.

3. Vierta el aderezo sobe la ensalada y revuelva bien. Cubra con envoltura plástica y refrigere durante 1 hora para que se mezclen los sabores, o deje reposar a temperatura ambiente por 1 hora.

Rinde 6 porciones de plato principal

Ensalada de Pasta al Pesto

Lasaña Blanca de Brócoli

435 a 450 g de queso ricotta sin grasa
1 taza de sustituto de huevo
1 cucharada de albahaca picada *o*
    1 cucharadita de albahaca seca
½ taza de cebolla picada
1 diente de ajo picado
2 cucharadas de margarina
¼ de taza de harina de trigo
2 tazas de leche descremada
570 g de floretes de brócoli,
    descongelados y escurridos

1 taza (120 g) de queso mozzarella
    rallado
9 tiras de lasaña, cocidas y
    escurridas
1 tomate rojo chico picado
2 cucharadas de queso parmesano
    rallado
    Hojas de albahaca fresca, para
    adornar

En un recipiente mediano, combine el queso ricotta, el sustituto de huevo y la albahaca. En una cacerola grande a fuego medio, saltee la cebolla y el ajo en la margarina hasta que se suavicen. Incorpore la harina; cueza por 1 minuto. Vierta gradualmente la leche; cueza y revuelva hasta que la mezcla se espese y comience a hervir. Retire del fuego; incorpore el brócoli y el queso mozzarella.

En un refractario de 33×23×5 cm ligeramente engrasado, acomode 3 tiras de lasaña; distribuya encima ⅓ de las mezclas de ricotta y de brócoli. Repita las capas 2 veces más. Corone con el tomate; espolvoree con queso parmesano. Hornee a 180 °C por 1 hora o hasta que se cueza. Deje reposar durante 10 minutos antes de servir. Adorne con albahaca.

Rinde 8 porciones

Lasaña Blanca de Brócoli

Burrito de Frijol y Verduras

Burritos de Frijol y Verduras

1 cucharada de aceite de oliva
1 cebolla mediana, en rebanadas delgadas
1 chile jalapeño, sin semillas y picado
1 cucharada de chile en polvo
3 dientes de ajo picados
2 cucharaditas de orégano seco machacado
1 cucharadita de comino molido
1 camote grande horneado, frío, pelado y en cubos *o* 1 lata (450 g) de ñame en jarabe, escurrido, enjuagado y en cubos
1 lata (435 g) de frijoles (judías) negros, escurridos, enjuagados
1 taza de maíz descongelado, escurrido
1 pimiento morrón verde picado
2 cucharadas de jugo de limón
¾ de taza (90 g) de queso para fundir bajo en grasa, rallado
4 tortillas de harina (de 25 cm)
Crema agria (opcional)

Caliente el horno a 180 °C. Caliente el aceite a fuego medio-alto en una cacerola grande. Ponga la cebolla y fríala por 10 minutos o hasta que se dore; revuelva con frecuencia. Agregue el jalapeño, el chile en polvo, el ajo, el orégano y el comino; revuelva por 1 minuto más. Vierta 1 cucharada de agua y revuelva; retire del fuego. Incorpore el camote, los frijoles, el maíz, el pimiento y el jugo de limón. En el centro de cada tortilla, sirva 2 cucharadas de queso; ponga encima 1 taza del relleno. Doble la parte inferior de la tortilla sobre el relleno; doble hacia adentro los costados y luego enrolle para encerrar completamente el relleno. Coloque los burritos, con la unión hacia abajo, en una charola para hornear. Cubra con papel de aluminio y hornee por 30 minutos o hasta que estén bien calientes. Sirva con crema agria, si lo desea.   *Rinde 4 porciones*

Cassoulet Vikingo de Verduras

4 tazas de champiñones rebanados
2 cucharadas de aceite de oliva
2 cebollas grandes, en rebanadas
1 diente grande de ajo picado
2 calabacitas medianas, en trozos
    de 2.5 cm
1½ tazas de calabaza amarilla,
    en rebanadas
2 latas (de 450 g cada una) de
    alubias, escurridas
1 lata (420 g) de tomate rojo
    picado, con su jugo

⅓ de taza de perejil picado
1 cucharadita de albahaca seca
    machacada
½ cucharadita de orégano seco
    machacado
½ taza de pan molido
1 cucharadita de mantequilla,
    derretida
2 tazas (225 g) de queso Jarlsberg
    rallado

Caliente el horno a 180 °C. En una sartén grande y profunda, vierta el aceite y dore los champiñones. Agregue la cebolla y el ajo; saltéelos por 5 minutos. Incorpore la calabacita y la calabaza; saltéelos hasta que estén suaves. Revuelva con las alubias, el tomate, el perejil, la albahaca y el orégano. Pase la mezcla a un refractario de 2 litros de capacidad. En un recipiente, combine el pan molido y la mantequilla. Espolvoree el pan alrededor de la orilla del molde. Hornee a 180 °C por 20 minutos. Corone con queso y hornee durante 20 minutos más.   *Rinde de 6 a 8 porciones*

Frittata de Cebada, Frijol y Maíz

2 tazas de agua
½ taza de cebada
¾ de cucharadita de sal
2 cucharaditas de aceite de oliva
1 lata (435 g) de frijoles (judías) negros, escurridos y enjuagados
2 tazas (225 g) de queso cheddar rallado
¾ de taza de maíz fresco*

½ taza de pimiento morrón verde picado
¼ de taza de cilantro picado
7 huevos o 1¾ tazas de sustituto de huevo
1 taza de queso cottage
½ cucharadita de pimienta roja molida
1 taza de salsa picante
Crema agria para adornar

En una cacerola mediana, ponga a hervir el agua a fuego medio. Agregue la cebada y ¼ de cucharadita de sal. Reduzca el fuego a bajo; tape y deje cocer de 40 a 45 minutos o hasta que esté suave. Deje reposar, tapado, por 5 minutos. Escurra.

Caliente el horno a 200 °C. Con el aceite de oliva, barnice una sartén de hierro o que pueda meter al horno, de 25 cm de diámetro. Ponga en capas la cebada, el frijol, 1 taza de queso cheddar, el maíz, el pimiento y el cilantro. En la licuadora o en el procesador de alimentos, licue los huevos, el queso cottage, la sal restante y la pimienta hasta que se incorporen. Con cuidado, vierta la mezcla de huevo sobre las capas.

Hornee por 30 minutos o hasta que se cueza el huevo. Distribuya encima el queso cheddar restante. Hornee por 5 minutos o hasta que se funda el queso. Corone con la salsa. Deje reposar por 5 minutos antes de cortar en rebanadas. Adorne, si lo desea.

Rinde de 6 a 8 porciones

Puede sustituir el maíz fresco por congelado; descongélelo antes de usarlo.

Frittata de Cebada, Frijol y Maíz

Berenjena con Bulgur al Horno

1 taza de bulgur de trigo
½ taza de pimiento morrón verde picado
¼ de taza de cebolla picada
¼ de taza de mantequilla
4 tazas de berenjena pelada y en cubos
1 lata (435 ml) de salsa de tomate

420 g de tomate rojo picado, con su jugo
½ taza de agua fría
½ cucharadita de orégano seco machacado
1 caja (225 g) de queso crema, suavizado
1 huevo
Queso parmesano rallado

• Caliente el horno a 180 °C.

• En una sartén grande, saltee el bulgur, el pimiento y la cebolla en la mantequilla hasta que las verduras estén suaves.

• Incorpore la berenjena, la salsa de tomate, el tomate, el agua y el orégano. Tape; deje cocer de 15 a 20 minutos o hasta que la berenjena esté suave; revuelva de vez en cuando.

• En el tazón chico de la batidora eléctrica, bata el queso crema y el huevo a velocidad media hasta que se incorporen.

• Ponga la mitad de la mezcla de verduras en un refractario o cacerola de 1½ litros de capacidad; corone con la mezcla de queso crema y el resto de la mezcla de verduras. Tape.

• Hornee por 15 minutos. Destape; espolvoree con queso parmesano. Hornee por 10 minutos más o hasta que esté bien caliente.

Rinde de 8 a 10 porciones

Tiempo de Preparación: 30 minutos **Tiempo de Cocción:** 25 minutos

Cebada Tex-Mex al Horno

1 cebolla chica picada
1 pimiento morrón verde chico,
   en cubos
1 cucharada de aceite vegetal
1 diente de ajo picado
2 tazas de cebada perla mediana,
   cocida
3 tazas de frijoles (judías) pintos
   cocidos

435 g de tomate estofado, escurrido
   y picado
1 taza de aceitunas negras sin
   hueso, rebanadas
1½ cucharaditas de chile en polvo
½ cucharadita de sal
½ cucharadita de comino molido
1 taza (120 g) de queso cheddar
   rallado

En el aceite, a fuego medio, fría la cebolla y el pimiento por 10 minutos. Agregue el ajo y fríalo por 1 minuto. Incorpore el resto de los ingredientes, excepto el queso. Vierta en 6 moldes individuales ligeramente engrasados. Hornee a 180 °C, de 35 a 40 minutos o hasta que estén calientes y burbujeen. Añada el queso. Hornee por 10 minutos más o hasta que el queso se derrita.

Rinde 6 porciones

Pay de Cebolla y Pimiento Asado con Salsa Colorado

Pay de Cebolla y Pimiento Asado con Salsa Colorado

2½ tazas de harina de trigo
1 taza de masa de harina de maíz
½ cucharadita de sal
225 g de mantequilla, refrigerada y en trozos chicos
8 a 10 cucharadas de agua helada
3 cebollas medianas, en rebanadas delgadas
1 cucharada de aceite de oliva
2 latas (120 g) de chiles verdes enteros, escurridos y rebanados

2 pimientos rojos asados enteros, secos y en tiras
1 taza (120 g) de queso para fundir rallado
1 cucharadita de comino molido
1 cucharadita de cilantro molido
½ cucharadita de mostaza seca
¼ de cucharadita de sal
¼ de cucharadita de pimienta negra
4 huevos
1 taza de crema agria
Salsa Colorado (página 261)

Caliente el horno a 200 °C. En el procesador de alimentos con la cuchilla de metal, combine la harina, la masa y la sal; tape y procese hasta que se incorporen. Distribuya la mantequilla uniformemente sobre la masa; tape y procese hasta que la mezcla parezca harina gruesa. Vierta parejo el agua helada sobre la mezcla; tape y pulse hasta que se incorpore. Forme una bola con la masa; presiónela sobre la base y la mitad de los costados de un molde de 25×7.5 cm con desmoldador. Hornee por 15 minutos. Deje enfriar. *Reduzca la temperatura del horno a 160 °C.*

Saltee en el aceite la cebolla hasta que se dore un poco y esté suave. Acomode los chiles y el pimiento en la corteza y espolvoree con queso. Revuelva el comino, el cilantro, la mostaza, la sal y la pimienta; espolvoree la mitad de esta mezcla sobre el queso. Acomode encima la cebolla; espolvoree la mezcla de comino restante. Bata los huevos y la crema agria; distribuya sobre la cebolla. Hornee de 45 a 50 minutos o hasta que se cueza. Deje enfriar por 15 minutos antes de cortar. Sirva con la Salsa Colorado.

Rinde de 8 a 10 porciones

Salsa Colorado

1 lata (450 g) de puré de tomate	**2 cebollas medianas picadas**
½ taza de agua	**4 dientes de ajo machacados**
½ lata (210 g) de chipotles en adobo	**¼ de cucharadita de sal**

En una cacerola mediana, mezcle todos los ingredientes; ponga a hervir. Tape; reduzca el fuego y deje cocer por 20 minutos. Licue en la licuadora o en el procesador de alimentos. Sirva con el Pay.

Rinde unas 3 tazas

Lasaña de Verduras a los Tres Quesos

1 cucharadita de aceite de oliva
1 cebolla grande picada
3 dientes de ajo picados
1 lata (840 g) de puré de tomate sin sal
420 g de tomate rojo picado sin sal, escurrido y picado
2 tazas de champiñones frescos rebanados
1 calabacita mediana, finamente picada
1 pimiento morrón verde grande, picado
2 cucharaditas de albahaca seca machacada
1 cucharadita de sal y de azúcar (opcional)

½ cucharadita de hojuelas de pimienta roja
½ cucharadita de orégano seco machacado
2 tazas (435 g) de queso ricotta light
1 bolsa (285 g) de espinaca picada, descongelada y exprimida
2 claras de huevo
2 cucharadas (15 g) de queso parmesano rallado
225 g de tiras de lasaña, cocidas sin aceite ni sal
¾ de taza (90 g) de queso mozzarella bajo en grasa y de queso cheddar, rallados

Caliente el horno a 190 °C. Rocíe una sartén grande con aceite en aerosol. Caliente el aceite a fuego medio; ponga la cebolla y el ajo. Fríalos hasta que estén suaves; revuelva de vez en cuando. Agregue el puré de tomate, el tomate con su jugo, el champiñón, la calabacita, el pimiento, la albahaca, la sal, el azúcar, la pimienta y el orégano. Deje que hierva; reduzca el fuego a bajo. Tape y deje cocer por 10 minutos o hasta que las verduras estén suaves. Combine el queso ricotta, la espinaca, las claras de huevo y el queso parmesano en un recipiente mediano; revuelva bien. En un refractario de 33×23 cm, distribuya 1 taza de la salsa. Acomode 3 tiras de lasaña sobre la salsa. Vierta la mitad de la mezcla de queso ricotta y 2 tazas de salsa. Repita las capas con 3 tiras de lasaña, el resto de la mezcla de queso ricotta y 2 tazas de salsa. Revuelva los quesos mozzarella y cheddar. Espolvoree ¾ de taza de esta mezcla sobre la salsa. Corone con las tiras de lasaña y la salsa restantes. Cubra con papel de aluminio; hornee durante 30 minutos. Retire el aluminio y hornee por 15 minutos más. Espolvoree con la mezcla de queso restante. Deje reposar durante 10 minutos antes de servir. *Rinde 10 porciones*

Lasaña de Verduras a los Tres Quesos

Torta Rústica

1 sobre de levadura activa en polvo
1 cucharadita de azúcar
1 taza de agua caliente
   (de 40 a 45 °C)
3 tazas más 2 cucharadas de
   harina de trigo
1½ cucharaditas de sal
3 cucharadas de aceite vegetal
1½ cucharaditas de albahaca seca
1½ tazas de cebolla picada
1 taza de zanahoria picada
2 dientes de ajo picados
2 calabacitas medianas, en cubos
225 g de champiñones botón
   rebanados

450 g de tomate rojo picado,
   con su jugo
1 lata (435 g) de corazones de
   alcachofa, escurridos y
   en mitades
1 pimiento morrón rojo mediano,
   sin semillas y en cuadros
   de 2.5 cm
½ cucharadita de orégano seco
¼ de cucharadita de pimienta
   negra molida
2 tazas (225 g) de queso provolone
   o mozzarella rallado

En un recipiente, ponga el agua caliente; espolvoree encima la levadura y el azúcar; revuelva hasta que se disuelvan. Deje reposar hasta que la mezcla burbujee. En el procesador de alimentos, combine 3 tazas de harina y 1 cucharadita de sal. Con el motor encendido, vierta la mezcla de levadura, 2 cucharadas de aceite y ½ cucharadita de albahaca. Procese hasta que se forme la masa y empiece a separarse de los costados del recipiente; agregue agua o harina adicionales, 1 cucharada a la vez, si es necesario. *La masa estará pegajosa.* Coloque la masa en un tazón grande engrasado; voltéela para engrasarla. Cúbrala con una toalla; deje que suba en un lugar caliente por 1 hora más o menos o hasta que duplique su volumen.

En una cacerola grande, caliente el aceite restante a fuego medio. Agregue la cebolla, la zanahoria y el ajo; fría por 5 minutos o hasta que la cebolla esté suave. Incorpore la calabacita, el champiñón, el tomate, los corazones de alcachofa, el pimiento, la albahaca restante, el orégano, la sal restante y la pimienta. Ponga a hervir a fuego alto. Reduzca el fuego a bajo. Tape y deje cocer durante 10 minutos. Golpee la masa. Amásela por 1 minuto sobre una superficie ligeramente enharinada. Cúbrala con una toalla; déjela reposar por 10 minutos.

Torta Rústica

Caliente el horno a 200 °C. Engrase un molde para soufflé de 2 litros de capacidad. Sobre una superficie enharinada, extienda dos tercios de la masa hasta que mida 1.5 cm de grosor. Acomode la masa en el molde; haga que sobresalga 2.5 cm del borde. Distribuya la mitad de la mezcla de verduras en el molde. Espolvoree con 1 taza de queso. Repita las capas. En la superficie enharinada, extienda el resto de la masa y forme un círculo 5 cm más grande que el molde. Acomode la masa sobre el relleno. Doble la orilla de la masa superior sobre la inferior; selle las orillas pellizcándolas con los dedos. Hornee hasta que la corteza esté dorada; cubra la orilla de la masa con papel de aluminio, si es necesario, para evitar que se dore de más. *Rinde 6 porciones*

Burrito Vegetariano

1 cucharada de aceite vegetal
2 tazas de champiñones
   rebanados
2 tazas de floretes de brócoli
1 cebolla morada rebanada
1 zanahoria mediana rallada
1 calabacita mediana rallada

¼ de taza de cebollín rebanado
1 diente de ajo picado
1 taza de salsa verde
3 tazas (360 g) de queso para
   fundir rallado
8 tortillas de harina
   Salsa verde o roja adicional

En una sartén de 25 cm de diámetro, caliente el aceite; agregue las verduras y el ajo. Fríalos a fuego medio-alto hasta que estén ligeramente suaves, de 5 a 7 minutos. Incorpore 1 taza de salsa. Ponga la mezcla de verduras y 2 tazas de queso sobre las tortillas. Doble como burrito o como taco; ponga en una charola para hornear de 30×20 cm. Cubra con papel de aluminio. Hornee a 200 °C, de 15 a 20 minutos o hasta que estén bien calientes. Báñelos con la salsa y el queso restante. Continúe horneando de 5 a 7 minutos o hasta que el queso se derrita. *Rinde 8 burritos*

Tarta de Arroz Salvaje al Pesto

1 caja (180 g) de mezcla para base
   de pizza
1¾ tazas de arroz salvaje cocido
1 cucharada de harina de maíz
1 cucharada de mantequilla
1 cucharada de aceite vegetal
2 cebollas medianas, en rebanadas
   delgadas
½ taza de salsa al pesto

1 lata (125 g) de champiñones
   rebanados, escurridos
1 taza de tirabeques (vainas),
   en mitades horizontales
2 tazas de queso mozzarella
1 tomate rojo chico, en rebanadas
   delgadas
½ cucharadita de sal sazonada

Caliente el horno a 190 °C. Prepare la base para pizza siguiendo las instrucciones de la envoltura; incorpore 1¼ tazas de arroz salvaje. Deje reposar por 5 minutos. Espolvoree la harina de maíz en una charola engrasada de 38×25 cm; acomode la masa en la charola. Hornee por 12 minutos.

Mientras tanto, en una sartén grande, derrita la mantequilla; agregue el aceite y la cebolla. Cueza a fuego medio-alto hasta que esté dorada; revuelva con frecuencia. Distribuya el pesto en la base; acomode el champiñón, el arroz salvaje restante, los tirabeques, 1 taza de queso, el tomate y la cebolla. Espolvoree con sal sazonada y el queso restante. Hornee de 12 a 15 minutos, hasta que el queso esté ligeramente dorado.

Rinde 4 porciones de plato principal

Arroz Salvaje Mexicali al Horno

2 tazas de arroz salvaje cocido
480 g de maíz, escurrido
1 lata (unos 120 g) de chiles verdes, escurridos y picados

2 tazas (450 g) de salsa picante
1 taza de queso cheddar
Totopos

Combine el arroz salvaje con el maíz y el chile; distribuya en un refractario de 28×18 cm ligeramente aceitado. Rocíe encima la salsa y espolvoree con el queso. Cubra; caliente a 180 °C por unos 30 minutos. Acompañe con una canasta de totopos.

Rinde 4 porciones

Sugerencia para Servir: *Para preparar porciones individuales, caliente los ingredientes, excepto el queso, y sirva sobre tortillas o totopos en platos extendidos; espolvoree encima el queso y, si lo desea, caliente en el asador o en el microondas para fundir el queso.*

Chilaquiles Vegetarianos

1 berenjena chica, pelada y
en cuartos
1 calabacita mediana
225 g de champiñones frescos
Aceite en aerosol
½ taza de cebollín picado
2 dientes de ajo picados
1 taza de salsa picante

180 g de totopos (de maíz amarillo o
blanco)
¾ de taza de dip para nachos
2½ tazas de lechuga rallada
1 tomate rojo mediano picado
3 cucharadas de crema agria baja
en grasa

Rebane la berenjena, la calabacita y el champiñón. Con el aceite en aerosol, rocíe una sartén antiadherente grande. Caliente a fuego medio-alto. Agregue las verduras, ¼ de taza de cebollín y el ajo; tape y cueza por 5 minutos o hasta que estén suaves; revuelva de vez en cuando. Vierta la salsa y reduzca el fuego a bajo; tape y deje cocer por 30 minutos.

Caliente el horno a 180 °C. Con aceite en aerosol, rocíe un refractario de 30×20 cm. Acomode la mitad de los totopos y coloque encima la mezcla de verduras. Cubra; hornee de 20 a 30 minutos o hasta que esté bien caliente. Machaque un poco los totopos restantes; espolvoréelos sobre la mezcla de verduras. Distribuya encima el dip para nachos. Hornee, sin cubrir, por 5 minutos más o hasta que los totopos estén crujientes y un poco dorados.

Para servir, reparta la lechuga entre 8 platos extendidos o acomódela en un platón. Sirva el guisado sobre la lechuga. Espolvoree con el tomate picado y el cebollín restante. Sirva con crema agria.

Rinde 8 porciones

Chilaquiles Vegetarianos

Conchas Rellenas con Verduras al Ajillo

Conchas Rellenas con Verduras al Ajillo

Verduras al Ajillo (página 271)
12 conchas de pasta gigantes
2 tazas de queso ricotta
1 bolsa (285 g) de espinaca picada,
    descongelada y escurrida
¼ de taza más 2 cucharadas de
    queso parmesano rallado

2 dientes de ajo picados
¾ de cucharadita de mejorana seca
½ a 1 cucharadita de sal
½ cucharadita de albahaca seca
½ cucharadita de pimienta negra
¼ de cucharadita de tomillo seco

Prepare la Verdura al Ajillo y acomódela en un refractario redondo de 25 cm de diámetro.

Caliente el horno a 180 °C. Cueza las conchas siguiendo las instrucciones de la envoltura; escurra y deje enfriar.

En un recipiente mediano, combine el queso ricotta, la espinaca, ¼ de taza de queso parmesano, el ajo, la mejorana, la sal, la albahaca, la pimienta y el tomillo. Rellene las conchas con la mezcla. Acomode las conchas sobre las Verduras al Ajillo. Con cuidado, vierta la salsa de las verduras sobre las conchas. Cubra el refractario, sin apretar, con papel de aluminio; hornee de 35 a 40 minutos o hasta que las conchas estén bien calientes. Espolvoréelas con el queso parmesano restante. *Rinde 4 porciones*

Verduras al Ajillo

2 cucharadas de aceite de oliva
1 cabeza grande de ajo, pelada y
    poco picada
⅓ de taza de tomates rojos
    deshidratados (no envasados
    en aceite)
2 cucharadas de harina de trigo
1¼ tazas de caldo de verduras
1 calabacita mediana

1 calabaza amarilla mediana
2 zanahorias grandes,
    en rebanadas diagonales
    de 0.5 cm
2 cucharadas de perejil fresco
    picado
Sal
Pimienta negra molida

En una sartén chica, caliente 1 cucharada de aceite a fuego medio. Agregue el ajo y fríalo de 2 a 3 minutos. Reduzca el fuego a bajo y deje cocer por 15 minutos, o hasta que esté dorado; revuelva con frecuencia. Agregue el tomate; cueza a fuego medio durante 2 minutos. Incorpore la harina; cueza y revuelva por 2 minutos. Añada poco a poco el caldo y cueza de 1 a 2 minutos, o hasta que la salsa se espese; revuelva sin cesar.

Corte la calabacita y la calabaza a lo largo en mitades. Corte cada mitad en rebanadas a lo ancho. En una sartén mediana, caliente el aceite restante a fuego medio. Ponga la zanahoria y fríala por 2 minutos. Incorpore la calabacita y la calabaza; cueza y revuelva por 3 minutos o hasta que estén suaves. Retire del fuego. Agregue la mezcla de ajo y perejil. Sazone con sal y pimienta al gusto. *Rinde 2 tazas*

Lasaña de Verduras Asadas

12 tiras de lasaña, sin cocer
225 g de champiñones, en mitades
2 calabacitas o calabazas amarillas, cortadas por la mitad a lo largo, y a lo ancho en trozos de 0.5 cm
2 pimientos morrones amarillos o rojos, en trozos de 2.5 cm
1 cebolla morada chica, en trozos de 2.5 cm
2 cucharadas de vinagre balsámico
1 cucharadita de aceite de oliva o vegetal
2 dientes de ajo picados

½ cucharadita de romero seco machacado
1 frasco (780 ml) de salsa para espagueti, sin grasa
1 envase (435 g) de queso ricotta semidescremado
285 g de espinaca picada, descongelada y exprimida
1 clara de huevo grande
¼ de cucharadita de hojuelas de pimienta roja
1 taza de queso mozzarella semidescremado rallado
¼ de taza de queso parmesano rallado

Cueza la lasaña siguiendo las instrucciones de la envoltura. Caliente el horno a 220 °C. Rocíe un molde con aceite en aerosol. Ponga los champiñones, la calabaza, el pimiento y la cebolla. En un recipiente chico, mezcle el vinagre, el aceite, el ajo y el romero; barnice las verduras. Hornee las verduras por 15 minutos; revuelva. Continúe el horneado de 8 a 10 minutos más o hasta que se doren y se suavicen. Reduzca la temperatura del horno a 190 °C. Vierta 1 taza de salsa para espagueti sobre un refractario de 33×23 cm. Acomode 4 tiras de lasaña (3 a lo largo, 1 a lo ancho) sobre la salsa. Cubra la lasaña con 1 taza de salsa. En un recipiente mediano, combine el queso ricotta, la espinaca, la clara de huevo y las hojuelas de pimienta. Distribuya la mitad de la mezcla de queso sobre la salsa; acomode la mitad de las verduras asadas entre la mezcla de queso. Acomode otras 4 tiras de lasaña sobre el queso y las verduras, y presiónelas un poco; corone con 1 taza de salsa. Repita las capas con el queso, y las verduras asadas, las tiras de lasaña y la salsa restantes.

Cubra la lasaña con papel de aluminio; hornee por 45 minutos. Retire el aluminio; espolvoree con los quesos mozzarella y parmesano; continúe el horneado, sin cubrir, por 5 minutos o hasta que se funda el queso. Deje reposar durante 10 minutos antes de servir.

Rinde 8 porciones

Burritos Fiesta al Horno

Burritos Fiesta al Horno

1 cucharada de hierbas con
   pimienta roja
1 lata (435 g) de frijoles (judías)
   refritos
½ taza de crema agria
¼ de taza de agua

10 tortillas de harina (de 15 cm)
1 tomate rojo mediano poco
   picado
1 taza (120 g) de queso cheddar
   rallado

Caliente el horno a 190 °C.

En un recipiente chico, combine las hierbas, los frijoles, la crema y el agua. Distribuya la mezcla de frijol en las tortillas; enróllelas. En un refractario de 33×23 cm, rociado con aceite en aerosol, acomode los tacos; corone con el tomate y luego con el queso. Cubra y hornee por 15 minutos. Descubra y continúe horneando por 10 minutos o hasta que se funda el queso y las tortillas estén bien calientes. Sirva, si lo desea, con lechuga picada, crema agria y guacamole. *Rinde 10 tortillas*

Guisado de Queso con Chile

1½ tazas de queso ricotta light
1 taza (120 g) de queso cheddar
    rallado, sin grasa
1 lata (120 g) de chiles verdes,
    escurridos y picados
½ taza de huevo sin colesterol
¼ de taza de cebollín picado
4 tortillas de maíz (de 15 cm)
    Aceite vegetal en aerosol
¼ de taza de pimiento verde
    picado
1 diente de ajo picado

2 latas (450 g) de frijoles (judías)
    rojos, escurridos y
    enjuagados
420 g de tomates rojos poco picados,
    sin escurrir
1 lata (225 g) de salsa de tomate
    sin sal
2 cucharaditas de chile en polvo
½ taza (60 g) de queso cheddar sin
    grasa rallado
2 cucharadas de cebollín picado

En un recipiente mediano, combine los primeros 5 ingredientes; revuelva bien.

Corte las tortillas en 8 rebanadas; póngalas en una charola para hornear sin engrasar. Hornee a 180 °C por 10 minutos o hasta que estén crujientes.

Con aceite en aerosol, rocíe una sartén antiadherente; caliente a fuego medio-alto. Agregue el pimiento y el ajo; saltéelos hasta que estén suaves. Incorpore los frijoles y los siguientes 3 ingredientes; deje hervir. Reduzca el fuego; deje cocer, sin tapar, por 15 minutos; revuelva de vez en cuando.

En una cacerola de 2 litros de capacidad rociada con aceite en aerosol, distribuya la mitad de la mezcla de queso ricotta; acomode encima 8 rebanadas de tortilla. Añada la mitad de la mezcla de frijol sobre la tortilla. Repita las capas con la mezcla de queso restante, 8 rebanadas de tortilla y la mezcla de frijol restante.

Tape y hornee a 180 °C por 30 minutos. Espolvoree con el queso; hornee, sin tapar, por 5 minutos más o hasta que se funda el queso. Corone con 2 cucharadas de cebollín. Sirva con las rebanadas restantes de tortilla.

Rinde 8 porciones

Guisado de Berenjena a la Vasca

6 cucharadas de aceite
1 cebolla, en tiras
2 pimientos morrones verdes,
    sin semillas y en tiras
5 champiñones grandes rebanados
1 tallo de apio, en rebanadas
    diagonales
5 dientes de ajo picados
6 tomates rojos, pelados y en cubos

Sal al gusto
1 cucharada de hierbas finas
2 huevos
1 cucharada de agua
1 berenjena grande
½ taza de queso parmesano recién
    rallado
1 taza de queso suizo rallado

En una sartén grande, caliente 3 cucharadas de aceite; ponga la cebolla, el pimiento, el champiñón, el apio y el ajo. Saltéelos hasta que estén suaves. Incorpore el tomate; deje que hierva. Sazone con la sal y las hierbas finas. Reduzca el fuego a bajo y deje cocer por 30 minutos. Bata los huevos, el agua y una pizca de sal. Pele la berenjena y córtela en rebanadas grandes. Remoje las rebanadas en la mezcla de huevo; fríalas en una sartén con el aceite restante hasta que estén suaves. Acomode las rebanadas de berenjena en un refractario grande. Espolvoréelas con el queso parmesano. Vierta encima la salsa de tomate y espolvoree con queso suizo. Caliente en el horno a 180 °C hasta que se funda el queso.

Rinde 4 porciones

Frittata Vegetariana

2 cucharadas de mantequilla o
  margarina
1 bolsa (450 g) de mezcla
  congelada de brócoli, maíz y
  pimiento rojo

8 huevos
½ taza de agua
1 cucharada de salsa picante
¾ de cucharadita de sal

• En una sartén antiadherente de 30 cm, derrita la mantequilla a fuego medio. Ponga las verduras; fríalas por 3 minutos.

• Bata ligeramente los huevos, el agua, la salsa y la sal.

• Vierta la mezcla de huevo sobre las verduras de la sartén. Tape y cueza de 10 a 15 minutos o hasta que se cuezan los huevos.

• Para servir, corte en rebanadas.   *Rinde unas 4 porciones*

Tiempo de Preparación: 5 minutos   **Tiempo de Cocción:** 20 minutos

Sugerencia para Servir: Acompañe con pan caliente y ensalada verde.

Frittata Vegetariana

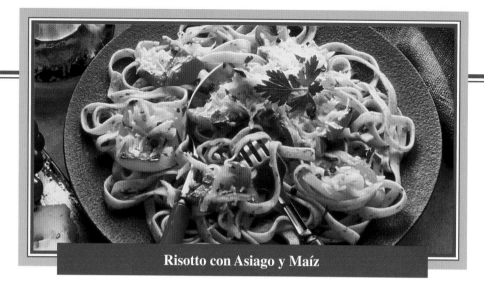

Risotto con Asiago y Maíz

Risotto con Asiago y Maíz

2 latas (de 435 g cada una) de
  caldo de verduras
1 taza (225 g) de jugo de zanahoria
2 cucharadas de aceite de oliva
1 cebolla poco picada
1 cucharada de ajo poco picado
1 taza de arroz arborio o de
  grano corto
1 bolsa (450 g) de maíz,
  descongelado y escurrido
¼ de taza de perejil italiano fresco
  picado

2 cucharaditas de tomillo o romero
  fresco picado *o* 1 cucharadita
  de hierbas secas
½ taza (60 g) de queso parmesano
  rallado
½ taza (60 g) de queso romano
  rallado
1 cucharadita de cebollín picado
½ cucharadita de pimienta negra
1 taza (120 g) de queso Asiago
  rallado

En una cacerola de 2 litros de capacidad, caliente el caldo y el jugo de zanahoria. En una olla grande, caliente el aceite de oliva; agregue la cebolla, el ajo y el arroz. Fríalos a fuego medio; vierta 1 taza del caldo caliente. Revuelva el arroz sin cesar; vierta poco a poco el caldo restante, permitiendo que se absorba el líquido, de 25 a 30 minutos. Añada el maíz, el perejil y el tomillo; incorpore el queso parmesano y el romano. Espolvoree el cebollín y la pimienta; corone con el queso Asiago. *Rinde 6 porciones*

Arroz con Frijol Negro México Antiguo

2 cucharadas de aceite vegetal
1 caja (190 g) de arroz español
    con fideos
½ taza de pimiento morrón verde
    picado
½ taza de cebolla picada
2 dientes de ajo picados
420 g de tomate rojo picado,
    con su jugo
¼ a ½ cucharadita de salsa picante

1 lata (450 g) de frijoles (judías)
    negros, enjuagados y
    escurridos
1 lata (450 g) de frijoles (judías)
    pintos, enjuagados y
    escurridos
½ taza (60 g) de queso cheddar
    rallado
2 cucharadas de perejil o cilantro
    picado (opcional)

1. En una sartén grande, caliente el aceite a fuego medio. Agregue la mezcla de arroz con fideo, el pimiento, la cebolla y el ajo; saltéelos, revolviendo con frecuencia, hasta que se dore el fideo.

2. Añada 2 tazas de agua, el tomate, la salsa y el contenido del sobre de sazonador; deje hervir a fuego alto.

3. Tape; reduzca el fuego. Deje cocer por 15 minutos.

4. Incorpore los frijoles negros y pintos.

5. Tape; continúe cociendo por 5 minutos o hasta que se absorba el líquido y el arroz esté suave. Sirva coronado con queso; espolvoree con perejil, si lo desea.

Rinde 4 porciones

Burritos con Frijol y Calabacita

6 tortillas de harina (de 15 cm)
¾ de taza de dip de frijoles
    (judías) pintos (naturales o
    condimentados)
2 cucharaditas de agua
1 cucharadita de aceite de oliva
1 calabacita mediana picada

¼ de taza de cebollín picado
¼ de taza de salsa de tomatillo
    verde
1 taza de salsa roja
1½ tazas de lechuga rallada
    Hojas de cilantro fresco
    (opcional)

Caliente el horno a 150 °C. Envuelva las tortillas con papel de aluminio. Hornee por 10 minutos o hasta que se suavicen y estén bien calientes. Mientras tanto, en un recipiente chico, combine el dip de frijol y el agua. En una sartén grande, caliente el aceite a fuego medio-alto. Agregue la calabacita y el cebollín. Fría hasta que la calabacita esté suave; incorpore el dip de frijol y la salsa verde.

Sirva la mezcla de calabacita en las tortillas. Enróllelas; colóquelas en 6 platos extendidos. Corone con salsa roja. Sirva calientes con lechuga. Adorne con cilantro, si lo desea.

Rinde 6 porciones

Burrito con Frijol y Calabacita

Verduras Hindúes al Curry

2 a 3 cucharaditas de curry
en polvo
450 g de papa cocida rebanada
1 bolsa (450 g) de mezcla
congelada de brócoli, coliflor
y zanahoria

1 lata (435 g) de garbanzo,
escurrido
420 g de tomate rojo estofado
390 ml de caldo de verduras
2 cucharadas de fécula de maíz

• En una sartén grande, revuelva el curry a fuego alto hasta que libere su olor, por unos 30 segundos.

• Incorpore la papa, las verduras, el garbanzo y el tomate; ponga a hervir. Reduzca el fuego a medio-alto; tape y deje cocer por 8 minutos.

• Disuelva la fécula de maíz en el caldo; vierta sobre las verduras. Cueza hasta que se espese.

Rinde unas 6 porciones

Tiempo de Preparación: 5 minutos **Tiempo de Cocción:** 15 minutos

Sugerencia para Servir: Acompañe con arroz blanco o integral.

Verduras Hindúes al Curry

Risotto con Verduras y Queso

3 dientes grandes de ajo rebanados
1 cebolla mediana rebanada
225 g de champiñones rebanados
(de diferentes variedades,
si es posible, como portobello,
cremini, shiitake y ostión)
4½ tazas de caldo de verduras
1½ tazas de arroz basmati

1½ tazas de cebollines enteros,
picados
½ taza de pimiento morrón rojo,
de pimiento verde y de
amarillo, en cubos
1 taza (120 g) de queso Jarlsberg
rallado
Cebollín picado y queso Jarlsberg
adicionales, para adornar

Caliente una olla antiadherente a fuego medio-alto; reduzca el fuego a medio-bajo y cueza al vapor el ajo, la cebolla y el champiñón, bien tapados, hasta que la cebolla se haya suavizado, por unos 6 minutos. En otra cacerola, ponga a hervir el caldo y luego agregue el arroz. Deje cocer, tapado, por 20 minutos o hasta que se absorba el líquido. Incorpore la mezcla de ajo, el cebollín, el pimiento y el queso. Adorne con cebollín y queso adicionales.

Rinde de 6 a 8 porciones

Risotto con Tres Pimientos

2 cucharadas de aceite de oliva o
vegetal
3 pimientos morrones rojos,
verdes y/o amarillos
medianos, en cubos
1½ tazas de arroz arborio, regular o
vaporizado

½ taza de vino blanco seco,
vermouth o agua
1 cucharada de ajo con hierbas
3½ tazas de agua hirviente
½ taza de queso parmesano
rallado

En una cacerola de 3 litros de capacidad, caliente el aceite a fuego medio-alto y fría los pimientos, revolviendo de vez en cuando, por 5 minutos. Agregue el arroz y fríalo, moviendo sin cesar, por 3 minutos. Vierta lentamente el vino; cueza, revolviendo sin cesar, hasta que se absorba el líquido. Incorpore el ajo disuelto en 1 taza de agua hirviente. Reduzca el fuego a bajo y cueza, sin tapar y moviendo con frecuencia, hasta que se absorba el líquido. Continúe agregando el agua hirviente restante, ½ taza a la vez; revuelva con frecuencia, hasta que el arroz esté ligeramente cremoso y apenas suave. Incorpore el queso.   *Rinde unas 4 porciones*

Nota: *Puede encontrar el arroz arborio en tiendas gastronómicas. Este arroz, de grano grueso y corto, con alto contenido de almidón, se utiliza en los risottos por su textura cremosa.*

Arroz Mediterráneo

1 cucharada de aceite de oliva o vegetal
⅓ de taza de cebolla picada
1¾ tazas (420 g) de tomate rojo estofado, con su jugo
1 taza de arroz blanco de grano largo sin cocer
⅓ de taza de agua
¼ de taza de chiles verdes de lata, escurridos y picados
¾ de cucharadita de sal sazonada
½ cucharadita de chile en polvo

En una cacerola mediana con tapa, caliente el aceite. Agregue la cebolla; saltéela de 2 a 3 minutos o hasta que esté suave. Incorpore el tomate y su jugo, el arroz, el agua, los chiles, la sal sazonada y el chile en polvo. Ponga a hervir; tape. Reduzca el fuego a bajo. Cueza por 20 minutos o hasta que el arroz esté suave y se haya absorbido el líquido; revuelva de vez en cuando durante el tiempo de cocción para evitar que se pegue. Esponje el arroz antes de servirlo.   *Rinde 4 porciones*

Risotto con Verduras

2 cucharadas de aceite de oliva
1 calabacita mediana, en cubos
1 calabaza amarilla mediana,
    en cubos
1 taza de champiñón shiitake
    rebanado
1 taza de cebolla picada
1 diente de ajo picado
6 tomates rojos, sin tallo,
    sin semillas y en cuartos
1 cucharadita de orégano seco

3 tazas de Caldo de Verduras
    (página 74)
¾ de taza de arroz arborio
¼ de taza de queso parmesano
    rallado
Sal
Pimienta negra
½ taza de chícharos (guisantes)
    descongelados
Orégano fresco para adornar

En una cacerola grande, caliente 1 cucharada de aceite a fuego medio. Agregue la calabacita y la calabaza; fríalas por 5 minutos o hasta que estén suaves. Páselas a un recipiente mediano. Ponga el champiñón, la cebolla y el ajo en la cacerola; fría por 5 minutos o hasta que estén suaves. Añada el tomate y el orégano; cueza y revuelva de 2 a 3 minutos o hasta que el tomate esté suave. Pase al recipiente de la calabaza. Limpie la cacerola con toallas de papel.

En una cacerola chica, vierta el caldo; ponga a hervir a fuego medio. Reduzca el fuego a medio-bajo para conservarlo caliente, pero sin hervir.

Mientras tanto, en la cacerola, caliente el aceite restante a fuego medio. Incorpore el arroz; cueza y revuelva por 2 minutos. Vierta ¾ de taza de caldo. Reduzca el fuego a medio-bajo; mantenga cociendo. Cueza y revuelva hasta que el arroz haya absorbido el caldo. Repita agregando caldo 3 veces más; cueza y revuelva hasta que el arroz haya absorbido el caldo, de 20 a 25 minutos.

Incorpore el queso al arroz. Sazone con sal y pimienta al gusto. Agregue las verduras y los chícharos; cueza hasta que esté bien caliente. Sirva de inmediato. Adorne, si lo desea.

Rinde de 4 a 6 porciones

Risotto con Verduras

Burritos de Alubia y Aceituna

1 cucharadita de fécula de maíz
2 cucharaditas de agua
2 cucharadas de jugo de limón
1 cucharadita de miel
½ cucharadita de cilantro molido
¼ de cucharadita de comino molido
2 cucharaditas de aceite vegetal
1 lata (435 g) de alubias, escurridas
1½ tazas de maíz fresco *o* 1 bolsa
   (285 g) de maíz congelado

¾ de taza de aceitunas negras
   picadas
⅓ de taza de cebollín, en
   rebanadas delgadas
8 tortillas de harina (de 18 o 23 cm)
1 taza (120 g) de queso con
   jalapeño o común, rallado
Crema agria

Disuelva la fécula de maíz en el agua. Agregue el jugo de limón, la miel, el cilantro y el comino; revuelva bien. Caliente el aceite a fuego medio-alto; añada las alubias, el maíz y las aceitunas. Cueza y revuelva con suavidad, justo hasta que se caliente, por unos 3 minutos. Vierta la mezcla de limón. Cueza, revolviendo con delicadeza, hasta que la mezcla hierva y se espese un poco, de 1 a 2 minutos. Retire la olla del fuego e incorpore el cebollín. Divida la mezcla entre las tortillas; espolvoree con queso. Corone con crema agria al gusto. Enrolle las tortillas para encerrar el relleno. *Rinde 4 porciones*

Tiempo de Preparación: Unos 10 minutos   **Tiempo de Cocción:** Unos 5 minutos

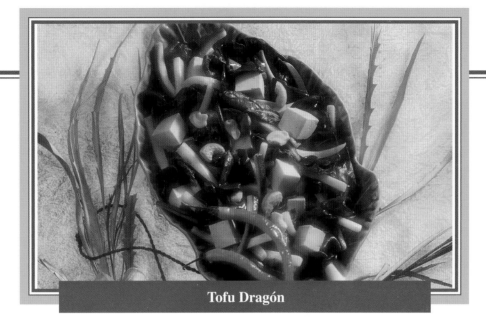

Tofu Dragón

Tofu Dragón

¼ de taza de salsa de soya
1 cucharada de crema de maní
1 paquete (unos 360 g) de tofu
    firme, escurrido
1 calabacita mediana
1 calabaza amarilla mediana

2 cucharaditas de aceite de maní
½ cucharadita de aceite con chile
2 dientes de ajo picados
2 tazas compactas de hojas de
    espinaca picadas
¼ de taza de nuez de la India o
    maní, poco picados (opcional)

Bata la salsa de soya con la crema de maní. Presione el tofu entre toallas de papel; córtelo en cuadros de 2 cm. Acomódelos en una capa en un refractario. Vierta la mezcla de salsa de soya; revuelva con delicadeza para cubrir todas las superficies. Deje reposar por 20 minutos. Corte la calabacita y la calabaza a lo largo en rebanadas de 0.5 cm de grosor; corte cada rebanada en tiras de 5×0.5 cm. Caliente en una sartén antiadherente los aceites de maní y con chile. Incorpore el ajo, la calabacita y la calabaza; sofríalos por 3 minutos. Añada la mezcla de tofu; cueza hasta que el tofu esté caliente y la salsa esté ligeramente espesa; revuelva de vez en cuando. Agregue la espinaca; retire del fuego. Espolvoree con nuez de la India. *Rinde 2 porciones*

Sofrito de Verduras con Salsa de Frijol Condimentada

1 cucharadita de aceite vegetal
1 cebolla mediana picada
1 pimiento morrón verde
    mediano, en tiras
3 zanahorias, en tiras julianas
3 tazas de col rallada (verde,
    morada o napa)

1 taza de tofu desmenuzado
4 tazas de arroz cocido;
    consérvelo caliente
Cebollín y rábano frescos
    (opcional)

SALSA DE FRIJOL NEGRO

1 taza de dip condimentado de
    frijoles (judías) negros
2 cucharadas de agua
¼ de taza de salsa de soya baja
    en sodio

¼ de taza de jerez
1 cucharada de raíz de jengibre
    pelado y picado
1 diente de ajo picado

En un wok o en una sartén grande, caliente el aceite a fuego medio-alto. Ponga la cebolla, el pimiento, la zanahoria, la col y el tofu; sofríalos hasta que estén suaves.

Para preparar la Salsa de Frijol Negro, combine el dip de frijol con el agua en un recipiente chico; revuelva bien. Incorpore el resto de los ingredientes de la Salsa; vierta sobre las verduras sofritas. Sofría a fuego alto por 2 minutos más. Reduzca el fuego a bajo; cueza de 2 a 4 minutos más o hasta que esté bien caliente; revuelva con frecuencia. Sirva sobre el arroz caliente. Adorne con el cebollín y rábanos, si lo desea.

Rinde 6 porciones

Sofrito de Verduras con Salsa de Frijol Condimentada

Sofrito Vegetariano con Queso

2 cucharaditas de aceite de oliva
1 taza de cebolla, en rebanadas
 delgadas
3 dientes de ajo picados
4 tazas de calabacita, en cubos
1 a 2 cucharaditas de sazonador
 italiano en polvo

1 bolsa (250 g) de corazones de
 alcachofa, descongelados,
 cocidos y escurridos
 (opcional)
½ taza de salsa marinara
½ taza de queso Jarlsberg rallado

En un wok, caliente el aceite a fuego alto; sofría la cebolla y el ajo por 3 minutos o hasta que se doren un poco. Agregue la calabacita y el sazonador; sofríalos hasta que la calabacita esté suave. Retire del fuego e incorpore los corazones de alcachofa, la salsa marinara y el queso. Sirva con alubias o sobre pasta. *Rinde de 4 a 6 porciones*

Sofrito de Arroz y Verduras

3 cucharadas de aceite vegetal
1 manojo de cebollín entero,
 picado por separado
1 camote (batata) mediano,
 pelado, cortado por la mitad
 a lo largo y en rebanadas
 delgadas
1 pimiento morrón verde chico,
 en tiras delgadas

2 zanahorias, en rebanadas
 delgadas
1 calabacita, en rebanadas
 delgadas
2 tazas de arroz integral cocido
1 taza de germinado de soya
1 taza de champiñón fresco
 rebanado
¼ de taza de miel
¼ de taza de salsa de soya

En un wok, caliente el aceite. Sofría la parte blanca de los cebollines, el camote, el pimiento, la zanahoria y la calabacita hasta que estén apenas suaves. Agregue el arroz, el germinado, el champiñón y la parte verde del cebollín. Mueva rápidamente hasta que esté bien caliente. En una taza, mezcle la miel con la salsa de soya; viértala sobre el guiso y revuelva. *Rinde de 6 a 8 porciones*

Lo Mein de Verduras

Lo Mein de Verduras

225 g de vermicelli o espagueti
    delgado, cocido y escurrido
¾ de cucharadita de aceite oscuro
    de ajonjolí (sésamo)
½ cucharadita de aceite vegetal
3 dientes de ajo picados
1 cucharadita de jengibre fresco
    rallado
2 tazas de bok choy (cardo chino)
    rebanado

½ taza de cebollín rebanado
2 tazas de zanahoria rallada
180 g de tofu firme, escurrido y
    en cubos
6 cucharadas de vinagre de vino
    de arroz
¼ de taza de mermelada de ciruelas
¼ de taza de agua
1 cucharadita de salsa de soya
½ cucharadita de pimienta roja

Bañe el vermicelli con el aceite de ajonjolí. En un wok, caliente el aceite. Agregue el ajo y el jengibre; sofríalos por 10 segundos. Ponga el bok choy y el cebollín; sofríalos hasta que estén suaves. Incorpore la zanahoria y el tofu, sofríalos hasta que la zanahoria esté suave. En una cacerola, combine el vinagre, la mermelada, el agua, la salsa de soya y la pimienta. Caliente hasta que la mermelada se derrita; revuelva. En un recipiente, combine el tallarín con la mezcla de verduras y la salsa. *Rinde 6 porciones*

Arroz Frito Oriental

1 cucharada de aceite vegetal
1 huevo, batido
1 bolsa (285 g) de verduras para
   sofreír tipo chino o japonés

2 tazas de arroz cocido*
2 cucharadas de salsa de soya

• En una sartén grande, caliente 1 cucharadita de aceite a fuego alto. Añada el huevo; deje que se extienda en la sartén para formar una tortilla.

• Cueza por 30 segundos; voltee la tortilla (se puede romper) y cuézala durante 30 segundos más. Retírela de la sartén; córtela en tiras delgadas.

• Saque el sobre con el sazonador de las verduras. En la sartén, ponga el aceite restante; incorpore el arroz y las verduras.

• Reduzca el fuego a medio-alto; tape y cueza por 5 minutos; revuelva dos veces.

• En la sartén, ponga el contenido del sobre de sazonador, la salsa de soya y el huevo cocido; revuelva bien.

• Cueza, sin tapar, durante 2 minutos o hasta que esté bien caliente.

Rinde 2 porciones

¿Necesita el arroz cocido al instante? Prepare arroz blanco o integral instantáneo y continúe con la receta.

Tiempo de Preparación: 5 minutos **Tiempo de Cocción:** 10 minutos

Arroz Frito Oriental

Tallarín de Arroz Vegetariano

Tallarín de Arroz Vegetariano

225 g de tortas de tofu firme,
    enjuagadas y escurridas
1 jícama (225 g)
2 poros (puerros) grandes
1 taza de aceite vegetal
2 camotes (batatas) medianos,
    pelados y rebanados (450 g)
225 g de vermicelli de arroz seco,
    muy delgado
½ taza de salsa de soya
⅓ de taza de azúcar

¼ de taza de jugo de limón
1 chile jalapeño rojo grande,* en
    mitades, sin semillas y picado
¼ de taza de maní asado seco sin
    sal, picado
2 cucharadas de menta fresca
    picada
2 cucharadas de cilantro fresco
    picado
Hojas de menta para adornar

*Los chiles pueden irritar la piel; use guantes de hule cuando los maneje y no se toque los ojos.
Lávese las manos después de trabajar con ellos.

• Escurra el tofu sobre toallas de papel. Corte las tortas en 4 cuadros; corte cada cuadro diagonalmente en 2 triángulos.

• Corte la parte superior e inferior de la jícama. Pélela con un cuchillo. Corte la jícama en rebanadas de 0.5 cm. Corte las rebanadas en cuadros de 2.5 cm.

• Recorte y deseche las raíces y la parte verde del poro. Córtelo por la mitad a lo largo. Enjuague bajo el chorro de agua fría varias veces para eliminar toda la arenilla. Ponga el poro, con los lados cortados hacia abajo, sobre una tabla para picar. Corte el poro a lo ancho en rebanadas de 0.5 cm.

• En un wok, caliente el aceite a fuego medio-alto por unos 4 minutos. Agregue el tofu; fríalo durante unos 4 minutos por lado o hasta que se dore. Retire el tofu con una espátula ranurada y páselo a una charola para hornear forrada con toallas de papel; escúrralo. Vuelva a calentar el aceite. Añada la jícama; sofríala por unos 5 minutos o hasta que esté apenas dorada; revuelva de vez en cuando. Retire con una espátula ranurada y ponga en la misma charola; escúrrala. Repita el procedimiento con el camote, en 2 tandas; recaliente el aceite cada vez. Incorpore el poro; sofríalo por 1 minuto. Pase el poro a un colador grande colocado sobre un tazón a prueba de calor para que escurra. Conserve 1 cucharada de aceite.

• En el wok, vierta 4 tazas de agua; ponga a hervir a fuego alto. Agregue el vermicelli y cuézalo por 3 minutos o justo hasta que esté suave pero aún firme; revuelva con frecuencia. Escúrralo y enjuáguelo bajo el chorro de agua fría para detener la cocción. Escúrralo de nuevo; coloque el vermicelli en un recipiente grande. Vierta el aceite que conservó; revuelva ligeramente para bañarlo. Corte los tallarines de 25 cm de largo.

• Combine la salsa de soya, el azúcar, el jugo de limón y los chiles en el wok; caliente a fuego medio justo hasta que se disuelva el azúcar. Agregue el tallarín; revuelva hasta que se cubra con la mezcla de soya. Con delicadeza, incorpore el tofu, las verduras, el maní, la menta y el cilantro picados. Pase a un platón o ponga el wok en la mesa sobre su base. Adorne, si lo desea.

Rinde 4 porciones

Berenjena Italiana

565 g de berenjena
2 cebollas medianas
2 tallos de apio
½ taza de aceitunas negras
  sin hueso
2 cucharadas de aceite de oliva
450 g de tomates rojos, en cubos,
  escurridos
2 cucharadas de vinagre
  balsámico

1 cucharada de azúcar
1 cucharada de alcaparras,
  escurridas
1 cucharadita de orégano seco u
  hojas de albahaca,
  machacados
Sal y pimienta negra al gusto
Hojas de albahaca frescas, hojas
  de lechuga y chile jalapeño
  rojo para adornar

• Corte la berenjena en cubos de 2.5 cm. Corte la cebolla en rebanadas delgadas. Corte el apio en trozos de 2.5 cm. Corte las aceitunas a lo ancho en mitades.

• Caliente el wok a fuego medio-alto por 1 minuto. Rocíe 1 cucharada de aceite en el wok; caliente por 30 segundos. Agregue la cebolla y el apio; sofríalos durante unos 2 minutos o hasta que estén suaves. Mueva la cebolla y el apio hacia un costado del wok. Reduzca el fuego a medio.

• Vierta el aceite restante en el centro del wok; caliente por 30 segundos. Añada la berenjena; sofríala durante unos 4 minutos o hasta que esté suave. Incorpore el tomate; revuelva bien. Tape y deje cocer por 10 minutos.

• Agregue las aceitunas, el vinagre, el azúcar, las alcaparras y el orégano. Sazone con sal y pimienta. Pase a un platón. Adorne, si lo desea.

Rinde 6 porciones

Berenjena Italiana

Sofrito de Tofu y Verduras

225 g de tortas de tofu firme,
   enjuagadas y escurridas
1 cebolla amarilla mediana
1 calabacita mediana
1 calabaza amarilla mediana
1 pimiento morrón rojo chico
1 taza de aceite vegetal
½ taza de champiñón fresco
   rebanado

1 bolsa (180 g) de tirabeques
   (vainas), descongelados
¼ de taza de agua
2 cucharadas de salsa de soya
2 cucharadas de pasta de tomate*
¼ de cucharadita de sal
⅛ de cucharadita de pimienta
   negra

• Escurra el tofu sobre toallas de papel. Córtelo a lo ancho en rebanadas de 0.5 cm.

• Corte la cebolla en 8 gajos. Lave la calabacita y la calabaza; recorte los extremos. Corte en trozos de 2.5 cm. Corte el pimiento por la mitad a lo largo. Retire el tallo y las semillas. Enjuáguelo, séquelo y córtelo en tiras de 0.5 cm.

• En un wok, caliente el aceite a fuego medio-alto por unos 5 minutos. Agregue el tofu; fríalo durante unos 8 minutos por lado o hasta que se dore; voltéelo una vez. Saque el tofu con una espátula ranurada y acomódelo en una charola para hornear forrada con toallas de papel. Conserve 2 cucharadas de aceite en el wok; deseche el resto.

• Ponga la cebolla en el wok; sofríala por 1 minuto. Incorpore la calabacita, la calabaza y el champiñón; sofríalos de 6 a 7 minutos hasta que las calabazas estén suaves.

• Añada el pimiento, los tirabeques y el agua; cueza de 2 a 3 minutos o hasta que estén suaves, revuelva de vez en cuando. Vierta la salsa de soya, la pasta de tomate, la sal y la pimienta; revuelva hasta que se mezclen. Agregue el tofu; sofría hasta que esté bien caliente y bañado con la salsa. Pase a un platón. *Rinde 4 porciones*

Puede poner la pasta de tomate sobrante en un recipiente hermético y congelarla.

Sofrito de Tofu y Verduras

PASTAS LLENAS DE SABOR

Alcachofa Roma con Ragú de Tomate

1¾ tazas (420 g) de tomates rojos en cubos, escurridos

1 taza (frasco de 180 g) de corazones de alcachofa marinados, rebanados, sin escurrir

¼ de taza de aceitunas negras rebanadas, escurridas

2 cucharadas de perejil fresco picado *o* 2 cucharaditas de perejil seco

2 cucharadas de albahaca fresca picada *o* 2 cucharaditas de albahaca seca machacada

1 diente de ajo picado

¼ de cucharadita de sal

⅛ de cucharadita de pimienta negra molida

COMBINE el tomate, los corazones de alcachofa y su jugo, las aceitunas, el perejil, la albahaca, el ajo, la sal y la pimienta en un recipiente grande.

TAPE; refrigere por varias horas para que se mezclen los sabores.

REVUELVA con pasta o sirva a temperatura ambiente sobre rebanadas de pan italiano tostado o pizza.

Rinde 4 porciones

Alcachofa Roma con Ragú de Tomate

Fettuccine con Pesto de Aceituna

285 g de fettuccine seco
1½ tazas de aceitunas negras
enteras sin hueso
3 cucharadas de alcaparras
escurridas
4 cucharaditas de jugo de limón
1 cucharada de aceite de oliva

2 cucharaditas de mostaza Dijon
2 a 3 dientes de ajo pelados
¼ de taza de albahaca finamente
picada
¼ de taza de queso parmesano
rallado
Ramas de albahaca

Cueza el fettuccine siguiendo las instrucciones de la envoltura. Mientras se cuece la pasta, ponga las aceitunas, las alcaparras, el jugo de limón, el aceite, la mostaza y el ajo en el procesador de alimentos o en la licuadora. Procese hasta que obtenga un puré espeso. Incorpore la albahaca picada y el queso. Escurra bien la pasta y colóquela en un platón grande caliente. Sirva el pesto sobre la pasta y revuelva un poco. Adorne con ramas de albahaca.

Rinde 4 porciones

Clásico Macarrón con Queso

2 tazas de coditos de pasta
3 cucharadas de mantequilla
¼ de taza de cebolla picada
(opcional)
2 cucharadas de harina de trigo

½ cucharadita de sal
⅛ de cucharadita de pimienta
2 tazas de leche
2 tazas (225 g) de queso cheddar
rallado

Cueza la pasta siguiendo las instrucciones de la envoltura; escúrrala. En una olla mediana, derrita la mantequilla y fría la cebolla, por unos 5 minutos o hasta que esté suave. Incorpore la harina, la sal y la pimienta. Vierta poco a poco la leche; cueza, revolviendo de vez en cuando, hasta que se espese. Retire del fuego. Agregue 1½ tazas de queso cheddar y revuelva hasta que se funda el queso. Mezcle la salsa de queso con el macarrón cocido. Coloque en una cacerola de 1½ litros de capacidad; corone con el queso cheddar restante. Hornee a 180 °C durante 30 minutos o hasta que burbujee y se dore el queso.

Rinde 6 porciones

Linguine al Limón

Linguine al Limón

- 225 g de linguine sin cocer
- 3 cucharadas de jugo fresco de limón
- 2 cucharaditas de margarina
- 2 cucharadas de cebollín picado
- ⅓ de taza de leche descremada
- 1 cucharadita de fécula de maíz
- 1 cucharada de eneldo fresco picado
- 1 cucharada de perejil fresco picado *o* 1 cucharadita de perejil seco
- 2 cucharaditas de ralladura de cáscara de limón
- ¼ de cucharadita de pimienta blanca molida
- 3 cucharadas de queso romano o parmesano, rallado

Cueza el linguine siguiendo las instrucciones de la envoltura; omita la sal. Escúrralo bien; páselo a un recipiente mediano y báñelo con el jugo de limón.

Mientras tanto, en una cacerola chica, derrita la margarina a fuego medio. Agregue el cebollín; fríalo hasta que esté suave. En un recipiente chico, disuelva la fécula de maíz con la leche; vierta en la cacerola. Cueza y revuelva hasta que se espese. Incorpore el eneldo, el perejil, la ralladura y la pimienta. Vacíe la mezcla de leche sobre la pasta. Espolvoree con queso; revuelva para bañarla. Adorne con rebanadas de limón y ramas de eneldo, si lo desea. Sirva de inmediato.   *Rinde 3 porciones*

Rigatoni con Cuatro Quesos

3 tazas de leche
1 cucharada de zanahoria picada
1 cucharada de apio picado
1 cucharada de cebolla picada
1 cucharada de ramas de perejil
½ hoja de laurel
¼ de cucharadita de granos de pimienta negra
¼ de cucharadita de salsa picante
Pizca de nuez moscada molida
¼ de taza de mantequilla

¼ de taza de harina de trigo
½ taza de queso parmesano rallado
¼ de taza de queso romano rallado
360 g de rigatoni (pasta tubular grande), cocido y escurrido
1½ tazas (180 g) de queso cheddar desmenuzado
1½ tazas (180 g) de queso mozzarella desmenuzado
¼ de cucharadita de chile en polvo

En una cacerola grande, combine la leche, la zanahoria, el apio, la cebolla, el perejil, la hoja de laurel, la pimienta, la salsa picante y la nuez moscada. Deje hervir. Reduzca el fuego a bajo y deje cocer durante 10 minutos. Cuele; conserve el líquido de cocción.

Caliente el horno a 180 °C. En una cacerola mediana, derrita la mantequilla a fuego medio. Incorpore la harina y, poco a poco, el líquido que conservó. Cueza y revuelva sin cesar hasta que se espese. Retire del fuego. Agregue los quesos parmesano y romano; revuelva hasta que se incorporen. Coloque la mezcla en un recipiente grande. Añada el rigatoni y revuelva con delicadeza para bañarlo. En un recipiente chico, combine los quesos cheddar y mozzarella. En una cacerola engrasada de 2 litros de capacidad, acomode la mitad de la mezcla de pasta; espolvoréela con la mezcla de queso; extienda encima la pasta restante. Espolvoree con el chile en polvo. Hornee por 25 minutos o hasta que el platillo burbujee. Adorne al gusto.

Rinde 6 porciones

Rigatoni con Cuatro Quesos

Fettuccine con Crema de Tomate Deshidratado

⅔ de taza de tomates
    deshidratados
3 o 4 dientes de ajo
1 caja (225 g) de queso crema suave
½ cucharadita de orégano seco
    machacado
¼ de taza de mantequilla o
    margarina

¼ de taza de crema agria
450 g de fettuccine cocido y
    escurrido, caliente
¼ de taza de aceite de oliva
    Sal y pimienta
2 cucharadas de perejil fresco
    picado

• Cubra los tomates con agua hirviente; déjelos reposar por 10 minutos. Escúrralos.

• En el procesador de alimentos o en la licuadora, procese los tomates con el ajo hasta que estén un poco picados. Agregue el queso crema y el orégano; procese hasta que se incorporen.

• En una cacerola mediana, derrita la mantequilla; vierta la mezcla de queso crema y la crema agria. Cueza hasta que esté bien caliente.

• Bañe el fettuccine caliente con el aceite.

• Vacíe la mezcla de queso crema. Sazone con sal y pimienta al gusto. Espolvoree con perejil picado. Sirva de inmediato.

Rinde de 8 a 10 porciones

Tiempo de Preparación: 30 minutos

Fettuccine con Crema de Tomate Deshidratado

Pasta con Salsa Cremosa de Tomate Rojo

Pasta con Salsa Cremosa de Tomate Rojo

1 cucharada de aceite de oliva
½ taza de cebolla picada
2 cucharadas de vermouth seco, vino blanco o consomé de pollo
1¾ tazas (435 g) de tomates rojos picados y sazonados, sin escurrir
½ taza de crema batida espesa

225 g de pluma o rigatoni de pasta seca, cocida y escurrida, caliente
1 taza de aceitunas negras sin hueso, rebanadas y escurridas
½ taza (60 g) de queso parmesano rallado
¼ de taza de cebollín picado

En una cacerola grande, caliente el aceite. Agregue la cebolla; sáltéela de 2 a 3 minutos o hasta que esté suave. Vierta el vermouth; deje cocer por 1 minuto. Incorpore el tomate y su jugo, la crema, la pasta, las aceitunas y el queso parmesano; caliente; revuelva de vez en cuando. Espolvoree el cebollín. *Rinde 4 porciones*

Pasta con Salsa de Espinaca y Queso

¼ de taza de aceite de oliva extra virgen
1 cebolla mediana picada
1 diente de ajo picado
3 tazas de espinaca fresca picada, lavada y bien escurrida
1 taza de queso ricotta o cottage bajo en grasa
½ taza de perejil fresco picado

1 cucharadita de albahaca seca machacada
1 cucharadita de jugo de limón
¼ de cucharadita de pimienta negra
¼ de cucharadita de nuez moscada molida
340 g de espagueti sin cocer

1. En una cacerola grande, caliente 3 cucharadas de aceite a fuego medio. Agregue la cebolla y el ajo; fríalos hasta que la cebolla esté suave.

2. Añada la espinaca; cueza de 3 a 5 minutos o hasta que se marchite.

3. En la licuadora, coloque la mezcla de espinaca, el queso, el perejil, la albahaca, el jugo de limón, la pimienta y la nuez moscada. Licue hasta que se incorporen. Deje la salsa en la licuadora, tapada, para que se conserve caliente.

4. Cueza la pasta siguiendo las instrucciones de la envoltura, hasta que esté suave. *No cueza de más.* Escurra la pasta; conserve ¼ de taza del agua de cocción. En un recipiente grande, mezcle la pasta con el aceite de oliva restante.

5. En la licuadora, vierta el agua que conservó y licue. Vacíe la salsa sobre la pasta.

Rinde 4 porciones

Verduras Asadas a la Provenzal

225 g de champiñones medianos o
   grandes, en mitades
1 calabacita grande, a la mitad y
   en trozos de 2.5 cm
1 calabaza amarilla grande, en
   cuartos y en trozos de 2.5 cm
1 pimiento morrón grande rojo o
   verde, en trozos de 2.5 cm
1 cebolla morada chica, en
   rebanadas de 0.5 cm y en aros
3 cucharadas de aceite de oliva
2 dientes de ajo picados

1 cucharadita de albahaca seca
1 cucharadita de tomillo seco
½ cucharadita de sal (opcional)
¼ de cucharadita de pimienta
   negra recién molida
4 tomates rojos grandes,
   en cuartos
⅔ de taza de leche
2 cucharadas de margarina o
   mantequilla
1 paquete (140 g) de pasta pelo de
   ángel con salsa parmesana

1. Caliente el horno a 220 °C. En un molde de 38×25 cm, combine el champiñón, la calabacita, la calabaza, el pimiento y la cebolla; vierta, ya combinados, el aceite, el ajo, la albahaca, el tomillo, la sal y la pimienta. Revuelva. Hornee por 15 minutos; incorpore el tomate. Continúe horneando de 5 a 10 minutos más o hasta que las verduras estén suaves.

2. Mientras asa las verduras, mezcle 1⅓ tazas de agua, la leche y la margarina en una cacerola mediana; ponga a hervir. Agregue gradualmente la pasta mientras revuelve. Vacíe el contenido del sobre del sazonador de la pasta. Reduzca el fuego a medio.

3. Hierva, sin tapar, moviendo con frecuencia, por 4 minutos. La salsa quedará muy ligera, pero se espesará al reposar. Retire del fuego.

4. Deje reposar por 3 minutos o hasta que tenga la consistencia deseada. Revuelva antes de servir. Sirva la pasta coronada con verduras.

Rinde 4 porciones

Verduras Asadas a la Provenzal

Linguine con Salsa Paprikash

360 g de linguine
2 pimientos morrones rojos medianos
2 cucharadas de aceite de oliva
1 cebolla mediana, en rebanadas delgadas
1 diente de ajo picado
2 cucharadas de harina de trigo

4 cucharaditas de pimentón húngaro dulce
½ cucharadita de sal
¼ de cucharadita de pimienta negra molida
1 lata (225 g) de salsa de tomate
1 taza de caldo de verduras
½ taza de crema agria

Cueza el linguine siguiendo las instrucciones de la envoltura. Escúrralo en un colador. Póngalo en un tazón grande caliente; consérvelo caliente.

Mientras tanto, corte los pimientos a lo largo en tiras delgadas, y a lo ancho en mitades.

Caliente el aceite en una sartén grande a fuego medio. Añada el pimiento, la cebolla y el ajo; fría de 8 a 10 minutos o hasta que el pimiento esté muy suave.

En un recipiente chico, revuelva la harina, el pimentón, la sal y la pimienta. Incorpore a la mezcla de pimiento. Cueza a fuego medio por 3 minutos; revuelva de vez en cuando. Combine la salsa de tomate y el caldo; vierta en la sartén. Ponga a hervir; revuelva sin cesar. Reduzca el fuego a bajo y deje cocer, sin tapar, hasta que la salsa se espese.

Retire la sartén del fuego; vierta la crema agria en un recipiente chico. Incorpore varias cucharadas de la mezcla caliente. Agregue la mezcla de crema agria a la salsa de la sartén. Cueza a fuego bajo por 1 minuto o hasta que esté bien caliente. *No deje que hierva.* Vacíe sobre el linguine; revuelva.   *Rinde de 5 a 6 porciones*

Tallarín Tailandés con Salsa de Maní

2 paquetes (de 90 g cada uno) de
    tallarín ramen instantáneo
    sabor oriental
2 tazas de mezcla congelada de
    brócoli, zanahoria y castañas
    de agua

⅓ de taza de agua caliente
¼ de taza de crema de maní espesa
1 cucharadita de azúcar
⅛ a ¼ de cucharadita de hojuelas
    de pimienta roja machacada

• Ponga aparte los sobres de sazonador de los tallarines.

• En una olla grande, ponga a hervir 4 tazas de agua. Agregue el tallarín y las verduras. Cueza por 3 minutos; revuelva de vez en cuando; escurra.

• Mientras tanto, en un recipiente grande, combine el agua caliente, la crema de maní, el azúcar, la pimienta y los sobres de sazonador que apartó; revuelva hasta que se incorporen.

• Añada el tallarín y las verduras; revuelva para bañar. Sirva caliente.

Rinde unas 4 porciones

Tiempo de Preparación: 5 minutos   **Tiempo de Cocción:** 10 minutos

Sugerencia para Servir: Agregue zanahoria rallada, rebanadas delgadas de pepino o cebollín, para darle más sabor y color.

Champiñones Rellenos de Queso y Hierbas con Fettuccine de Espinaca

2 paquetes (de 275 g cada uno) de fettuccine fresco de espinaca
⅓ de taza de aceite de oliva extra virgen
1 cucharada de albahaca seca

2 dientes de ajo picados
1 caja (200 g) de queso para untar, de ajo con hierbas
16 champiñones grandes, enjuagados y sin tallo

1. Prepare el asador para cocción directa.

2. Cueza el fettuccine siguiendo las instrucciones de la envoltura; escúrralo y regréselo a la olla.

3. Mientras tanto, en un recipiente chico, mezcle el aceite, la albahaca y el ajo; vierta sobre la pasta cocida. Revuelva bien.

4. Corte un trozo de papel de aluminio en 4 cuadros grandes. En cada champiñón, sirva 1 cucharada de queso. En el centro de cada cuadro de papel, acomode cuatro champiñones, con el queso hacia arriba. Envuelva los champiñones con el papel de aluminio; deje un pequeño orificio sobre el queso.

5. Coloque los envoltorios sobre el asador. Ase, tapado, durante 5 minutos o hasta que los champiñones se sientan suaves al picarlos con un tenedor. Retírelos del asador.

6. Pase el fettuccine a un platón. Saque los champiñones de sus envoltorios; acomódelos sobre el fettuccini. Sirva de inmediato. *Rinde de 4 a 6 porciones*

Tiempo de Preparación y Cocción: 30 minutos

Champiñones Rellenos de Queso y Hierbas con Fettuccine de Espinaca

Pasta Primavera con Verduras

225 g de fusilli, sin cocer
420 g de tomate rojo con ajo asado
   picado, sin escurrir
120 g de ejotes (judías verdes),
   en trozos de 2.5 cm
¼ de cucharadita de orégano seco
   machacado
1½ tazas de calabacita y/o calabaza
   amarilla, en rebanadas
   delgadas

1 taza de chícharos (guisantes)
   congelados
1 taza de corazones de alcachofa
   marinados, en cuartos,
   con líquido
½ cucharadita de sal
¼ de cucharadita de pimienta
   negra molida
¼ de taza de queso parmesano
   rallado

Cueza la pasta siguiendo las instrucciones de la envoltura. Escúrralo bien y póngalo en un platón. Cúbralo y consérvelo caliente. En una sartén grande, coloque el tomate y su jugo, los ejotes y el orégano. Ponga a hervir a fuego alto; reduzca el fuego a medio-bajo. Tape; deje cocer hasta que los ejotes empiecen a suavizarse, por unos 3 minutos. Incorpore la calabacita y la calabaza; deje cocer hasta que estén suaves. Agregue los chícharos, la alcachofa y su líquido, la sal y la pimienta; deje cocer hasta que esté bien caliente. Vierta sobre la pasta; revuelva para bañarla. Espolvoree el parmesano sobre cada porción. Adorne, si lo desea.

Rinde unas 6 porciones

Linguine con Pesto de Espinaca

1 bolsa (285 g) de espinaca picada,
   descongelada y bien escurrida
1 taza de sustituto de huevo
⅓ de taza de nuez picada
¼ de taza de queso parmesano
   rallado

2 dientes de ajo machacados
450 g de linguine delgado, cocido en
   agua sin sal y escurrido
½ taza de pimiento rojo en cubos
Queso parmesano rallado
   adicional, opcional

En la licuadora o en el procesador de alimentos, licue la espinaca, el huevo, la nuez, ¼ de taza de queso y el ajo hasta que se incorporen. Mezcle con el linguine caliente y el pimiento. Corone con queso adicional, si lo desea.

Rinde 8 porciones

Pasta a la Jardinera

180 g de moños de pasta
1 frasco (180 g) de corazones de
  alcachofa en salmuera
2 dientes de ajo picados
½ cucharadita de romero seco
  machacado
1 lata (420 g) de tomate rojo
  en trozos

1 pimiento morrón verde, en tiras
  delgadas
1 zanahoria grande, en tiras
  julianas de 7.5 cm
1 calabacita mediana, en tiras
  julianas de 7.5 cm
12 aceitunas negras chicas,
  sin hueso (opcional)

Cueza la pasta siguiendo las instrucciones de la envoltura; escúrrala. Escurra las alcachofas; conserve la salmuera. Bañe la pasta con 3 cucharadas de salmuera. Corte los corazones de alcachofa por la mitad. En una sartén grande, cueza el ajo y el romero en 1 cucharada de la salmuera. Agregue el resto de los ingredientes, excepto la pasta y las alcachofas. Cueza, sin tapar, a fuego medio-alto de 4 a 5 minutos, o hasta que las verduras estén suaves y la salsa se haya espesado. Añada la alcachofa. Vacíe sobre la pasta. Sirva con queso parmesano rallado, si lo desea.   *Rinde 4 porciones*

Fettuccine con Champiñones

3 cucharadas de margarina
225 g de diferentes champiñones
  frescos, como portobello,
  crimini, shiitake, blanco,
  morels, porcini o enoki,
  rebanados

1 cucharada de ajo con hierbas
1¼ tazas de leche
225 g de fettuccine o linguine, cocido
  y escurrido

En una sartén de 25 cm, derrita la margarina a fuego medio y fría los champiñones, revolviendo de vez en cuando, por 6 minutos o hasta que estén suaves. Agregue el ajo en polvo disuelto en la leche. Deje que hierva a fuego alto; revuelva con frecuencia. Vierta sobre el fettuccine caliente; mezcle. Sirva de inmediato.

Rinde unas 2 porciones de plato principal

Ravioles con Queso

Ravioles con Queso

1 pimiento morrón rojo, en
rebanadas delgadas
1 pimiento morrón verde, en
rebanadas delgadas
1 pimiento morrón amarillo, en
rebanadas delgadas
1 cucharada de aceite de oliva
½ cucharadita de sal sazonada

¼ de cucharadita de ajo en polvo
con perejil
¼ de cucharadita de azúcar
1 paquete (de 225 a 250 g) de
ravioles frescos o congelados
1½ tazas de salsa con trozos
120 g de queso mozzarella,
en rebanadas delgadas
2 cebollines picados

Coloque los pimientos en un refractario; sazónelos con el aceite, la sal sazonada, el ajo en polvo y el azúcar. Ase hasta que estén suaves y dorados; voltéelos una vez. Cueza los ravioles. Vierta ¾ de taza de salsa en un refractario cuadrado de 20 cm. Acomode capas alternadas de pimiento, ravioles, queso y cebollín. Vierta la salsa restante sobre las capas. Cubra con papel de aluminio; hornee a 180 °C hasta que estén bien calientes y se funda el queso.

Rinde de 4 a 6 porciones

Pasta Vegetariana

2 tazas de cebolla picada
1 taza de apio picado
2 cucharadas de sazonador de
   verduras sin sal
1½ tazas de jugo de manzana
5 cucharadas de harina de trigo,
   dorada*
3 cucharadas de tamari**
2 cucharaditas de vinagre
   balsámico
5 tazas de caldo de verduras
1 taza de granos de maíz fresco

1 taza de zanahoria pelada y en
   tiras chicas
1 taza de nabo pelado y en tiras
   chicas
1 taza de calabaza, en trozos del
   tamaño de un cerillo
1 taza de calabaza amarilla,
   en tiras chicas
1 taza de floretes de brócoli
1 taza de floretes de coliflor
4 tazas de pasta cocida

Caliente una olla eléctrica antiadherente de 5 litros de capacidad, a 180 °C, por unos 4 minutos. Añada la cebolla, el apio y la mezcla de sazonadores; cueza y revuelva por 4 minutos; revise el fondo de la olla de vez en cuando para evitar que se pegue. Agregue el jugo de manzana; desprenda del fondo los trozos dorados y cueza hasta que todo el líquido se haya evaporado, de 5 a 6 minutos.

Incorpore la harina, el tamari y el vinagre; revuelva hasta que la harina se absorba completamente y se forme una pasta espesa. Distribuya esta mezcla en una olla, cueza, limpiando el fondo con frecuencia, durante 1 minuto. Vierta el caldo; revuelva hasta que todos los ingredientes se integren. Agregue el maíz y la zanahoria; cueza durante 2 minutos. Añada el nabo y cueza por 2 minutos más. Coloque el resto de las verduras y cueza durante 2 minutos. Incorpore la pasta y cueza justo hasta que la pasta esté bien caliente, de 3 a 4 minutos.

Rinde 4 porciones

Para dorar la harina, caliente por 2 minutos una sartén. Ponga la harina y revuelva sin cesar para deshacer los grumos; sacuda la sartén hasta que la harina esté ligeramente dorada. Reduzca el fuego a medio y revuelva sin cesar hasta que la harina esté más dorada. Ciérnala.

**El tamari es una salsa de soya con mucho sabor; está disponible en tiendas gastronómicas y en la sección de alimentos internacionales de muchos supermercados.*

Fettuccine Alpino

225 g de fettuccine blanco
(de preferencia, fresco)
225 g de fettuccine verde
(de preferencia, fresco)
1½ cucharaditas de aceite de oliva
extra virgen

1 taza de champiñones frescos
rebanados
1 taza de pimiento morrón rojo
picado
½ taza de leche descremada
180 g (1 caja) de queso crema con
ajo y hierbas, sin grasa

1. Cueza el fettuccine siguiendo las instrucciones de la envoltura, hasta que esté al dente. Escúrralo bien y póngalo en un refractario. Báñelo con aceite y consérvelo caliente.

2. Mientras tanto, rocíe una sartén antiadherente mediana con aceite en aerosol. Coloque los champiñones y el pimiento; saltéelos hasta que estén suaves. Revuelva con el fettuccine.

3. En una cacerola chica, ponga a hervir la leche a fuego medio. Agregue el queso crema y revuelva hasta que se derrita. Mezcle con la pasta y sirva de inmediato.

Rinde 6 porciones de plato principal (de 1½ tazas cada una)

Linguine Asiático Picante

1 paquete (360 g) de linguine
picante
¼ de taza de aceite vegetal
1 zanahoria chica, en tiras julianas
1 calabaza amarilla chica, en tiras
julianas

1 cebolla mediana picada
2 dientes de ajo machacados
2 cucharadas de semillas de
ajonjolí (sésamo) tostadas
2 cucharadas de salsa de soya
Sal y pimienta al gusto

Cueza la pasta siguiendo las instrucciones de la envoltura. En una sartén grande, caliente el aceite; saltee allí la zanahoria, la calabaza, la cebolla y el ajo durante 4 minutos. Agregue las semillas de ajonjolí y la salsa de soya; deje cocer por 2 minutos. Sazone con sal y pimienta al gusto. Sirva sobre el linguine picante caliente. *Rinde 3 porciones*

Fettuccine Alpino

Pasta con Tomate, Albahaca y Blue Cheese

450 g de pluma, mostaccioli u otro
    tipo de pasta tubular
    mediana, sin cocer
12 tomates rojos maduros (unos
    675 g), en cuartos, o 2 tazas
    de tomate cherry, en mitades
2 tazas de albahaca fresca

½ taza (60 g) de blue cheese
    finamente desmenuzado
2 cucharadas de aceite de oliva o
    vegetal
2 cucharadas de vinagre de vino
    blanco
Sal y pimienta negra al gusto

En un recipiente grande, revuelva el tomate, la albahaca, el queso, el aceite y el vinagre. Sazone al gusto con sal y pimienta. Refrigere y deje marinar de 45 minutos hasta 24 horas. Cueza la pasta siguiendo las instrucciones de la envoltura.

Cuando la pasta esté cocida, escúrrala bien. Agregue la pasta a la mezcla de tomate y revuelva. Deje reposar a temperatura ambiente por unos 15 minutos antes de servir.

Rinde 12 porciones

Nota: Para esta receta, utilice hojas de albahaca chicas. Si las hojas miden más de 2.5 cm de largo, córtelas por la mitad a lo ancho antes de agregarlas a la mezcla de tomate.

Pasta con Tomate, Albahaca y Blue Cheese

Pasta Andrew con Tomate

Pasta Andrew con Tomate

450 g de tomates rojos frescos,
en gajos
1 taza de albahaca fresca
2 dientes de ajo picados
2 cucharadas de aceite de oliva
225 g de queso Camenzola *o* 180 g
de queso Brie añejo más 60 g

de queso Stilton, en trozos
chicos
Sal y pimienta blanca al gusto
120 g de pasta pelo de ángel u otra
pasta delgada, cocida y
escurrida, caliente
Queso parmesano rallado

Coloque el tomate, la albahaca, el ajo y el aceite en el procesador de alimentos o en la licuadora; procese pulsando el botón de encendido/apagado hasta que estén un poco picados. En un recipiente grande, vierta la mezcla de tomate con el queso Camenzola. Sazone al gusto con sal y pimienta blanca. Agregue la pasta; revuelva con delicadeza hasta que se funda el queso. Sirva con queso parmesano. Adorne al gusto.

Rinde 2 porciones de plato principal

Pasta con Coliflor, Pasas, Piñones y Queso

⅓ de taza de uvas pasa doradas
1 coliflor chica, en floretes
3 cucharadas de pasta de tomate
1½ tazas de agua caliente
1 cebolla mediana picada
3 cucharadas de aceite vegetal
⅓ de taza de piñones (pignoli)

450 g de ziti o rigatoni (pasta
  tubular) sin cocer
1 taza (unos 60 g) de queso
  romano rallado
Ramas de perejil fresco
  (opcional)

En un recipiente chico, coloque las uvas pasa. Cúbralas con agua tibia. Déjelas reposar hasta que se suavicen, de 10 a 15 minutos. Escúrralas.

Mientras tanto, en una cacerola mediana, cueza la coliflor en 2.5 cm de agua hirviente salada hasta que esté suave, de 4 a 6 minutos. Escúrrala. Enjuáguela con agua fría. En un recipiente chico, disuelva la pasta de tomate en 1½ tazas de agua caliente.

En una sartén grande, saltee la cebolla en el aceite hasta que se suavice. Incorpore la mezcla de tomate. Deje cocer por 15 minutos. Añada la coliflor, los piñones y las uvas pasa. Cueza durante 10 minutos.

En una cacerola grande, con agua hirviente, cueza la pasta hasta que esté suave pero aún firme. Escúrrala en un colador. Pásela a un platón. Vierta la salsa; revuelva para bañar. Espolvoree el queso. Adorne con perejil.   *Rinde 4 porciones*

Pasta Primavera con Queso

1 taza de zanahoria cortada
　　diagonalmente
6 cucharadas de mantequilla
1 taza de calabaza amarilla
　　picada
2 tazas de champiñones,
　　en cuartos
1 taza de vainas chinas, en mitades
¼ de taza de cebollín picado

1 cucharada de albahaca fresca
　　picada *o* 1 cucharadita de
　　albahaca seca
225 g de fettuccine cocido caliente
1 taza de queso cottage bajo en
　　grasa o cremoso
½ taza de queso parmesano
　　rallado
Sal y pimienta negra

En una sartén, saltee la zanahoria en 4 cucharadas de mantequilla durante 5 minutos. Agregue la calabaza; cueza por 2 minutos. Añada los champiñones, las vainas y el cebollín; cueza hasta que las verduras estén suaves. Incorpore la albahaca. Combine el fettuccine con la mantequilla restante; revuelva hasta que se derrita la mantequilla. Integre los quesos cottage y parmesano. Coloque el fettuccine en un platón; corone con la mezcla de verduras. Sazone con sal y pimienta.　　　　　　　　　　*Rinde 4 porciones*

Linguine al Pesto de Tomate Deshidratado

½ taza de tomates deshidratados
½ taza de albahaca fresca
1 cucharadita de orégano seco
1 diente de ajo picado
2 cucharadas de aceite de oliva

1½ cucharadas de queso parmesano
　　rallado
225 g de linguine o pasta pelo de
　　ángel, cocida y caliente

En un recipiente chico, combine el tomate con ½ taza de agua caliente; deje remojar de 3 a 5 minutos o hasta que el tomate esté suave y flexible. Escúrralo; conserve el líquido. En el procesador de alimentos o en la licuadora, coloque el tomate, la albahaca, el orégano, el ajo, el aceite y el queso. Procese, agregando suficiente líquido del que conservó, 1 cucharadita a la vez, hasta que la mezcla tenga una consistencia de salsa de media a espesa. Sirva sobre la pasta y revuelva; sirva de inmediato.　　　　　　　　　　*Rinde 4 porciones*

Pasta Primavera con Queso

Ravioles de Queso con Salsa de Calabaza

⅓ de taza de cebollín rebanado
1 a 2 dientes de ajo picados
½ cucharadita de semillas de
   hinojo
1 taza de leche evaporada
1 cucharada de harina de trigo
¼ de cucharadita de sal

⅛ de cucharadita de pimienta
   negra molida
½ taza de calabaza (ayote)
2 paquetes (de 250 g cada uno) de
   ravioles de queso refrigerados
2 cucharadas de queso parmesano

Rocíe una cacerola con aceite en aerosol; caliente. Agregue la cebolla, el ajo y las semillas de hinojo; fría hasta que la cebolla esté suave. Bata la leche, la harina, la sal y la pimienta; revuelva hasta que se incorporen; vierta en la cacerola. Ponga a hervir; deje que hierva hasta que se espese, revolviendo sin cesar. Añada la calabaza; reduzca el fuego. Mientras tanto, cueza la pasta. Escúrrala. Reparta los ravioles entre 6 platos. Corone con la salsa de calabaza y espolvoree con queso. *Rinde 6 porciones*

Fresca Pasta Primavera al Limón con Pimienta

1 paquete (360 g) de pluma de
   pasta al limón con pimienta
¼ de taza de aceite de oliva
½ taza de cebolla rebanada
1 cucharada de ajo picado
½ taza de floretes de brócoli
½ taza de puntas de espárrago

½ taza de champiñones rebanados
½ cucharadita de eneldo seco
   Sal y pimienta al gusto
¼ de taza de vino blanco
¼ de taza de queso parmesano
   rallado

Cueza la pasta siguiendo las instrucciones de la envoltura; conserve ¾ de taza del agua de cocción. Mientras tanto, caliente el aceite en una sartén; saltee la cebolla y el ajo por 3 minutos. Agregue el brócoli, los espárragos, el champiñón, el eneldo, la sal y la pimienta; fría durante 5 minutos. Vierta el líquido que conservó y el vino a la sartén. Deje cocer por 3 minutos. Añada la pasta caliente y mezcle bien con todos los ingredientes. Espolvoree con queso parmesano y sirva. *Rinde 3 porciones*

Ravioles de Queso con Salsa de Calabaza

Pasta con Verduras Asadas

1 calabaza almizclera (900 g),
pelada, sin semillas y en
cubos de 2.5 cm
285 g de coles de Bruselas frescas,
en mitades
1 bulbo chico de hinojo
(unos 245 g), en mitades y
en rebanadas delgadas
¼ de taza de aceite de oliva

3 dientes de ajo grandes,
pelados y cortados por
la mitad a lo largo
¾ de cucharadita de sal
½ cucharadita de orégano seco
225 g de pluma de pasta o ziti
¼ de taza de semillas de calabaza
½ taza de queso parmesano rallado
1½ cucharaditas de salsa picante

• Caliente el horno a 230 °C. En un molde para asar, revuelva la calabaza, las coles de Bruselas, el hinojo, el aceite de oliva, el ajo, la sal y el orégano. Hornee por 20 minutos; revuelva de vez en cuando.

• Mientras tanto, cueza la pasta siguiendo las instrucciones de la envoltura. Durante los últimos 2 minutos de asado de las verduras, agregue las semillas de calabaza. Continúe cociendo hasta que las semillas estén ligeramente tostadas.

• Para servir, mezcle la pasta cocida y escurrida con las verduras asadas, el queso parmesano y la salsa picante; revuelva bien. *Rinde 4 porciones*

Pasta con Cebolla y Queso de Cabra

2 cucharaditas de aceite de oliva
4 tazas de cebolla dulce,
en rebanadas delgadas
¾ de taza (90 g) de queso de cabra
¼ de taza de leche descremada
180 g de moños u otra pasta chica
sin cocer
1 diente de ajo picado

2 cucharadas de vino blanco seco
1½ cucharaditas de salvia fresca
picada *o* ½ cucharadita de
salvia seca
½ cucharadita de sal
¼ de cucharadita de pimienta negra
2 cucharadas de nuez tostada
picada

Pasta con Cebolla y Queso de Cabra

En una sartén antiadherente grande, caliente el aceite a fuego medio. Ponga la cebolla y fríala a fuego bajo hasta que se dore y se caramelice, de 20 a 25 minutos; revuelva de vez en cuando.

En un recipiente chico, combine el queso de cabra y la leche; revuelva hasta que se incorporen.

Cueza la pasta siguiendo las instrucciones de la envoltura; omita la sal. Escúrrala.

Agregue el ajo y la cebolla a la sartén; cueza hasta que se suavicen, por unos 3 minutos. Incorpore el vino, la salvia, la sal y la pimienta; cueza hasta que se evapore el líquido. Retire del fuego; añada la pasta y la mezcla de queso; revuelva para fundir el queso. Espolvoree con nuez.   *Rinde 4 porciones*

Pepperonata

3 cucharadas de aceite de oliva
1 pimiento morrón rojo, 1 amarillo y 1 verde, en rebanadas delgadas
3 tazas de cebolla morada o amarilla, en rebanadas delgadas
2 dientes grandes de ajo picados
3½ tazas (420 g) de tomates rojos en cubos
2 cucharadas de perejil fresco picado

1 cucharada más 1½ cucharaditas de vinagre balsámico o de vino tinto
1 cucharadita de sal
½ cucharadita de tomillo seco machacado
¼ de cucharadita de pimienta negra molida
225 g de pasta seca, cocida, escurrida y caliente
1 cucharada de perejil picado

En una sartén grande, caliente el aceite. Agregue el pimiento, la cebolla y el ajo; saltéelos de 6 a 8 minutos o hasta que las verduras estén suaves. Incorpore el tomate, el perejil, el vinagre, la sal, el tomillo y la pimienta; deje cocer, sin tapar, de 12 a 15 minutos o hasta que esté bien caliente; revuelva de vez en cuando. Sirva sobre la pasta. Espolvoree con perejil, si lo desea.

Rinde 4 porciones

Pasta con Semillas de Girasol

½ taza de aceite de girasol
3 ramas de perejil picadas
3 dientes de ajo picados
1 cucharadita de ralladura de cáscara de limón
½ cucharadita de sal
½ cucharadita de pimienta negra

225 g de espagueti con tomate, de espinaca o regular, cocido y escurrido
⅔ de taza de queso parmesano rallado
½ taza de semillas de girasol asadas

En una sartén, caliente el aceite de girasol. Agregue el perejil, el ajo y la ralladura; fríalos por 1 minuto. Sazone con sal y pimienta. Vierta sobre la pasta caliente. Espolvoree encima el queso parmesano y las semillas de girasol.

Rinde 4 porciones

Pepperonata

Tallarín Tailandés Condimentado

1¼ tazas de agua
2½ cucharaditas de azúcar morena
2 cucharaditas de salsa de soya
1 cucharadita de ajo en polvo con perejil
¾ de cucharadita de sal sazonada
½ cucharadita de fécula de maíz
⅛ a ¼ de cucharadita de hojuelas de chile picante

¼ de taza de crema de maní con trozos
¼ de taza de cebollín rebanado
1 cucharada de cilantro fresco picado
225 g de linguine, cocido, escurrido y caliente
1½ tazas de col morada rallada

En una cacerola grande, combine el agua, el azúcar, la salsa de soya, el ajo en polvo, la sal sazonada, la fécula de maíz y las hojuelas de chile. Ponga a hervir; reduzca el fuego a bajo; deje cocer, sin tapar, por 5 minutos. Deje enfriar durante 10 minutos. Incorpore la crema de maní, el cebollín y el cilantro. Agregue el linguine caliente y la col; revuelva un poco para bañarlos. Sirva de inmediato. Adorne al gusto.   *Rinde 4 porciones*

Pasta con Champiñón Porcini y Salsa de Mantequilla al Ajo

1 paquete (360 g) de pluma de pasta con champiñón porcini
2 cucharadas de mantequilla
1 cucharada de aceite de oliva
1½ tazas de champiñones picados
2 cucharaditas de ajo picado

¾ de taza de vino blanco
¼ de taza de cebollín picado
2 cucharadas de jugo de limón
¼ de taza de queso parmesano rallado
1½ cucharadas de perejil picado

Cueza la pasta siguiendo las instrucciones de la envoltura. Caliente la mantequilla y el aceite de oliva en una sartén grande; saltee los champiñones y el ajo a fuego medio por 4 minutos. Añada el vino, el cebollín y el jugo de limón; deje cocer. Incorpore la pasta; espolvoree con queso y perejil, y sirva.   *Rinde 3 porciones*

Tallarín Tailandés Condimentado

Ravioles de Queso con Salsa de Champiñones

Ravioles de Queso con Salsa de Champiñones

2 cucharadas de aceite de oliva
1 cebolla mediana picada
1 diente de ajo picado
225 g de tofu firme
1½ tazas de queso ricotta
1 taza de queso parmesano
    rallado

½ cucharadita de romero seco
¼ de cucharadita de sal
64 hojas para wonton, naturales o
    de color (más o menos
    1⅓ paquetes)
Salsa de Champiñones
    (página 339)

En una sartén chica, caliente el aceite a fuego medio. Agregue la cebolla y el ajo; fríalos durante 5 minutos o hasta que estén suaves. Colóquelos en un recipiente mediano.

Escurra el tofu sobre toallas de papel. Córtelo en cubos de 2.5 cm. En el procesador de alimentos, ponga el tofu, el queso ricotta, ⅓ de taza de queso parmesano, el romero y la sal; procese hasta que se incorporen. Añada la cebolla al recipiente y procese.

Para hacer los ravioles, trabaje con 8 hojas de wonton a la vez; conserve el resto de las hojas cubiertas con plástico. Coloque 1 cucharada de la mezcla de queso en el centro de cada hoja. Barnice con agua los bordes. Coloque una segunda hoja sobre el relleno y presione los bordes para sellarlos. Cubra los ravioles con plástico. Repita el procedimiento con las hojas y la mezcla de queso restantes. Prepare la Salsa de Champiñones; consérvela caliente.

En una olla grande, ponga a hervir 3 litros de agua a fuego alto. Meta 8 ravioles en el agua. Reduzca el fuego a medio-alto y deje cocer, sin tapar, de 3 a 4 minutos o hasta que floten y estén un poco suaves. Sáquelos con una espumadera y colóquelos en un platón caliente. Repita el procedimiento con el resto de los ravioles. Sirva los ravioles con la Salsa de Champiñones y espolvoréelos con el queso parmesano restante.

Rinde 8 porciones

Salsa de Champiñones

3 cucharadas de aceite de oliva	1 cucharada de albahaca seca
360 g de champiñones shiitake o porcini rebanados	½ a 1 cucharadita de tomillo seco
180 g de champiñones cremini o botón rebanados	3 tazas de caldo de verduras
1½ tazas de cebollín entero rebanado	1½ cucharadas de fécula de maíz
	2 cucharadas de perejil picado
	½ cucharadita de sal
	4 a 6 gotas de salsa picante

En una cacerola grande, caliente el aceite a fuego medio. Agregue los champiñones, el cebollín, la albahaca y el tomillo; fría por 5 minutos o hasta que los champiñones suelten su líquido. Continúe cociendo durante 10 minutos o hasta que los champiñones se hayan oscurecido y todo el líquido se haya evaporado; revuelva de vez en cuando. Añada 2¾ tazas de caldo; deje que hierva. Reduzca el fuego a medio-bajo y deje cocer, sin tapar, de 10 a 12 minutos o hasta que el caldo se haya reducido a una tercera parte. Deje que vuelva a hervir.

En un recipiente chico, disuelva la fécula de maíz en ¼ de taza de caldo. Vierta en la mezcla de champiñón. Deje hervir, revolviendo sin cesar, de 1 a 2 minutos o hasta que se espese. Incorpore el perejil, la sal y la salsa picante.

Rinde unas 3 tazas

Fettuccine de Espinaca con Verduras

6 tomates deshidratados
envasados al vacío
90 g de fettuccine de espinaca
1 cucharada de aceite de oliva
¼ de taza de cebolla picada
¼ de taza de pimiento morrón rojo
rebanado
1 diente de ajo picado

½ taza de champiñones rebanados
½ taza de espinaca fresca poco
picada
¼ de cucharadita de sal
¼ de cucharadita de nuez moscada
molida
⅛ de cucharadita de pimienta
negra molida

En un recipiente chico, coloque los tomates; vierta agua hirviente hasta cubrirlos. Deje reposar de 10 a 15 minutos o hasta que estén suaves. Escúrralos; deseche el líquido. Córtelos en tiras. Cueza la pasta siguiendo las instrucciones de la envoltura; omita la sal. Escúrrala. Caliente el aceite en una sartén antiadherente grande a fuego medio. Agregue la cebolla, el pimiento y el ajo; cueza y revuelva por 3 minutos o hasta que las verduras estén suaves. Añada los champiñones y la espinaca; cueza y revuelva por 1 minuto. Incorpore los tomates, la pasta, la sal, la nuez moscada y la pimienta; cueza y revuelva de 1 a 2 minutos o hasta que esté bien caliente. *Rinde 6 porciones*

Pasta con Pimientos

1 cebolla mediana rebanada
1 pimiento morrón rojo chico,
en rebanadas delgadas
1 pimiento morrón verde chico,
en rebanadas delgadas
1 pimiento morrón amarillo chico,
en rebanadas delgadas
1½ cucharaditas de ajo picado

1 cucharada de aceite vegetal
1 frasco (780 ml) de salsa
tradicional para pasta
1 cucharadita de albahaca seca
½ cucharadita de ajedrea seca
¼ de cucharadita de pimienta negra
225 g de pluma de pasta, cocida y
escurrida

En una olla, fría la cebolla, los pimientos y el ajo en el aceite caliente, hasta que las verduras estén suaves. Agregue la salsa, la albahaca, la ajedrea y la pimienta. Caliente bien. Sirva sobre la pasta. *Rinde 6 porciones*

Fettuccine de Espinaca con Verduras

VERDURAS COMO GUARNICIÓN

Salteado de Alcachofa y Zanahoria

1 cucharada de mantequilla
2 zanahorias chicas, en rebanadas
    diagonales delgadas
1 diente de ajo picado
½ cucharadita de albahaca, eneldo
    o estragón secos
1 pimiento morrón rojo chico,
    en tiras delgadas

1 calabaza amarilla mediana,
    en tiras chicas
4 corazones de alcachofa,
    escurridos, enjuagados y
    en cuartos
1½ cucharaditas de jugo de limón
    Sal y pimienta

1. En una sartén grande, derrita la mantequilla a fuego medio. Agregue la zanahoria, el ajo y la albahaca; fría por 2 minutos. Añada el pimiento; cueza y revuelva durante 2 minutos. Incorpore la calabaza y la alcachofa; cueza y revuelva por 3 minutos.

2. Vierta el jugo de limón; cueza y revuelva durante 1 minuto. Espolvoree con sal y pimienta al gusto.

Rinde 2 porciones

Tiempo de Preparación y Cocción: 20 minutos

Salteado de Alcachofa y Zanahoria

Succotash Fácil

Succotash Fácil

1½ tazas de habas congeladas
  1 cebolla chica finamente picada
1½ tazas de granos de maíz
    descongelados

1 cucharadita de sal
1 cucharadita de azúcar
1 cucharadita de eneldo seco

1. En una cacerola mediana, ponga a hervir ½ taza de agua a fuego alto. Agregue las habas y la cebolla; tape. Reduzca el fuego a bajo. Deje cocer durante 8 minutos.

2. Añada el maíz; tape. Deje cocer por 5 minutos o hasta que estén suaves. Escurra la mezcla; deseche el líquido.

3. Coloque la mezcla en un tazón; sazone con sal, azúcar y eneldo; revuelva. Adorne al gusto.
Rinde 4 porciones

Guisado de Arroz y Brócoli

3 tazas de brócoli fresco picado
2 cucharadas de margarina baja
en calorías
¼ de taza de cebolla picada
3 cucharadas de harina de trigo
½ cucharadita de mostaza seca
1¼ tazas de leche descremada
⅛ de cucharadita de pimienta

1¾ tazas de arroz de grano largo
cocido (sin sal ni grasa)
1 taza (120 g) de queso cheddar
sin grasa, rallado
¼ de taza de mayonesa sin grasa
Aceite en aerosol
⅓ de taza de pan tostado
desmoronado

Cueza el brócoli en agua hirviente por 3 minutos o hasta que esté suave. Escúrralo; sumérjalo en agua fría. Vuelva a escurrir.

En una cacerola, derrita 1½ cucharadas de margarina; saltee la cebolla hasta que esté suave. Agregue la harina y la mostaza; cueza por 1 minuto, revolviendo sin cesar con un batidor de alambre. Vierta la leche poco a poco; revuelva sin cesar. Cueza, revolviendo sin cesar, por 2 minutos o hasta que se espese y burbujee. Retire del fuego; incorpore la pimienta. Combine el brócoli, la mezcla de leche, el arroz, el queso y la mayonesa. Sirva en una cacerola de 2 litros de capacidad rociada con aceite en aerosol. Derrita la margarina restante; mezcle con el pan tostado. Espolvoree sobre la mezcla de brócoli. Hornee a 180 °C durante 25 minutos. *Rinde 8 porciones de guarnición*

Zanahorias Glaseadas Picantes y Condimentadas

2 cucharadas de aceite vegetal
2 chiles rojos secos enteros
450 g de zanahoria, pelada y
en rebanadas diagonales

¼ de taza de salsa teriyaki para
glasear

En una sartén grande o en un wok, caliente el aceite a fuego alto. Coloque los chiles y sofríalos hasta que se oscurezcan; deséchelos. Agregue la zanahoria; reduzca el fuego a medio. Sofríala por 4 minutos o hasta que esté suave. Vierta la salsa teriyaki y cueza hasta que se glasee la zanahoria. Adorne al gusto. Sirva de inmediato. *Rinde 4 porciones*

Ejotes con Blue Cheese

250 g de ejotes (judías verdes)
  congelados
2 cucharadas de nuez picada
  (tostada, si lo desea)

1 cucharada abundante de queso
  roquefort o blue cheese
1 cucharada de mantequilla o
  margarina, derretida
  (opcional)

- Cueza los ejotes siguiendo las instrucciones de la envoltura.

- Mezcle con el resto de los ingredientes; revuelva bien.

- Sírvalos calientes con sal y pimienta al gusto.

Rinde 3 porciones

Tiempo de Preparación: 2 a 3 minutos **Tiempo de Cocción:** 4 a 6 minutos

Maíz Percal

1 bolsa (450 g) de granos de maíz
  congelados
½ taza de chile verde finamente
  picado

½ taza de tomate rojo picado

- Cueza el maíz siguiendo las instrucciones de la envoltura.

- Mezcle el maíz con el chile verde y el tomate.

- Sazone con sal y pimienta al gusto.

Rinde de 4 a 6 porciones

Tiempo de Preparación: 2 a 3 minutos **Tiempo de Cocción:** 6 a 8 minutos

De arriba abajo: **Ejotes con Blue Cheese y Maíz Percal**

Budín de Maíz Iowa

½ taza de sustituto de huevo *o*
   2 huevos grandes
2 claras de huevo grandes
3 cucharadas de harina de trigo
1 cucharada de azúcar
½ cucharadita de pimienta negra
   recién molida
1 lata (465 g) de maíz cremoso
2 tazas de maíz fresco o
   descongelado y escurrido

1 taza (120 g) de queso amarillo
   rallado
½ taza de pimiento morrón rojo
   finamente picado
⅓ de taza de leche baja en grasa
1 cucharada de sustituto de
   mantequilla sin sal
¼ de cucharadita de pimentón
   Ramas de perejil fresco

1. Caliente el horno a 180 °C. Con aceite en aerosol, rocíe un molde para hornear redondo de 20 cm. (Es mejor un molde hondo para pay.) Métalo al horno para calentarlo.

2. Mientras tanto, en el tazón grande de la batidora eléctrica, a velocidad alta, bata el sustituto de huevo (o los huevos enteros) y las claras de huevo con la harina, el azúcar y la pimienta hasta que se incorporen. Agregue el maíz cremoso, el maíz, el queso, el pimiento y la leche. Vierta en el molde caliente.

3. Rocíe la mantequilla y espolvoree con el pimentón. Hornee, sin cubrir, durante 55 minutos o hasta que se cueza. Deje reposar por 15 minutos antes de servir. Adorne con el perejil.

Rinde 6 porciones

Budín de Maíz Iowa

Alubias al Curry Horneadas

450 g de alubias chicas secas
6 tazas de agua
1 cucharadita de sal
2 manzanas medianas, sin corazón, peladas y en cubos
⅔ de taza de miel
½ taza de uvas pasa doradas

1 cebolla chica picada
⅓ de taza de pepinillo dulce en salmuera
1 cucharada de mostaza preparada
1 cucharadita de curry en polvo (o al gusto)

En una cacerola grande, combine las alubias, el agua y la sal. Deje reposar por toda la noche. Ponga a hervir a fuego alto. Reduzca el fuego a bajo y deje cocer durante 2 horas; si es necesario, agregue agua. Escurra las alubias; conserve el líquido. Revuelva las alubias con el resto de los ingredientes. Pase a una cacerola de 2½ litros de capacidad. Vierta suficiente líquido de cocción de las alubias para apenas cubrir la mezcla. Hornee, tapado, a 150 °C por 1 hora. Retire la tapa; hornee durante unos 30 minutos; añada más líquido si es necesario.

Rinde 8 porciones

Ejotes Festivos

1 cucharada de aceite de oliva
1 cucharada de mantequilla o margarina
3 poros (puerros) medianos, bien enjuagados y rebanados
2 pimientos morrones rojos grandes, sin semillas y en tiras delgadas

900 g de ejotes (judías verdes), con las puntas recortadas
1 diente grande de ajo picado
1½ cucharaditas de sal
1 cucharadita de salsa picante
1 cucharadita de ralladura de cáscara de limón
¼ de taza de almendras naturales ralladas, tostadas

En una sartén, caliente el aceite y la mantequilla; añada el poro. Fríalo por 5 minutos. Agregue el pimiento; fría por 5 minutos más. Mientras tanto, cueza al vapor los ejotes, hasta que estén suaves. Escúrralos y póngalos en la sartén con el ajo, la sal, la salsa picante y la ralladura; revuelva. Espolvoree con la almendra.

Rinde 8 porciones

Ejotes Tiernos Crujientes

1 bolsa (250 g) de ejotes (judías verdes) corte francés con almendra tostada, congelados
1 cucharada de aceite vegetal o de oliva

2 cucharaditas de vinagre de vino tinto o de manzana
1 cucharadita de cebolla fresca picada
⅓ de taza de croutones con hierbas, machacados

• Caliente el horno a 190 °C. Combine los ejotes (no añada la almendra), el aceite, el vinagre y la cebolla; revuelva bien.

• Con aceite en aerosol, rocíe un refractario de 1 litro de capacidad; coloque la mezcla. Revuelva los croutones con la almendra. Espolvoree sobre los ejotes.

• Hornee de 15 a 20 minutos o hasta que esté bien caliente y se dore la almendra.

Rinde de 3 a 4 porciones

Maíz Maque Choux

2 cucharadas de mantequilla o margarina
½ taza de cebolla picada
½ taza de chile verde picado

4 tazas de granos de maíz, frescos o descongelados
1 tomate rojo mediano picado
¼ de cucharadita de sal
½ cucharadita de salsa picante

• En una cacerola de 3 litros de capacidad, derrita la mantequilla a fuego medio.

• Agregue la cebolla y el chile verde; fría por 5 minutos o hasta que estén suaves; revuelva con frecuencia.

• Incorpore el maíz, el tomate, la sal y la salsa picante.

• Reduzca el fuego y deje cocer de 10 a 15 minutos o hasta que el maíz esté suave.

Rinde 3 tazas

Champiñones Marinados Dulces y Picantes

⅓ de taza de miel
¼ de taza de vinagre de vino blanco
¼ de taza de vino blanco seco o
    caldo de verduras
2 cucharadas de aceite vegetal
1 cucharada de salsa de soya
1 cucharada de aceite oscuro de
    ajonjolí (sésamo)
1 diente de ajo picado
1 cebollín chico picado

1 cucharadita de raíz de jengibre
    fresca rallada
½ cucharadita de ralladura de
    cáscara de naranja
¼ de cucharadita de pimienta roja
    molida
450 g de champiñón botón fresco
    chico
Ramas de perejil y rebanadas de
    naranja para adornar

En una cacerola chica, combine la miel, el vinagre, el vino, el aceite, la salsa de soya, el aceite de ajonjolí, el ajo, el cebollín, la raíz de jengibre, la ralladura y la pimienta. Cueza y revuelva a fuego bajo hasta que esté caliente. Ponga los champiñones en un tazón a prueba de calor; vierta la marinada caliente sobre los champiñones. Cubra y deje marinar por 3 horas en el refrigerador; revuelva de vez en cuando. Sirva en un platón; adorne con ramas de perejil y rebanadas de naranja, si lo desea. *Rinde de 4 a 6 porciones*

Poro con Bel Paese

3 poros (puerros)
3 cucharadas de mantequilla
1 cucharada de aceite de oliva
2 tazas de leche

120 g de queso Bel Paese semisuave,
    en rebanadas delgadas
Pimienta

Recorte la parte superior del poro a 5 cm del bulbo. Desprenda las capas exteriores del bulbo. Lave bien los poros. Corte en trozos grandes. En una cacerola, derrita la mantequilla. Agregue el aceite, la leche y el poro. Tape y cueza hasta suavizar. Escurra bien. Caliente el horno a 180 °C. Unte con mantequilla una cacerola de 1 litro de capacidad. Coloque los poros en la cacerola. Cubra con las rebanadas de queso. Hornee hasta que el queso se derrita. Espolvoree con pimienta. *Rinde 4 porciones*

Champiñones Marinados Dulces y Picantes

Timbales de Arroz, Champiñón y Nuez Condimentados

1 taza de champiñones shiitake u otro, finamente picados
¾ de taza de jugo de manzana
1 raja de canela (7.5 cm), partida a la mitad
¼ de cucharadita de sal
3 granos de pimienta inglesa
¾ de taza de arroz basmati blanco sin cocer
¼ de taza de nuez tostada
3 cucharadas de cebollín picado

Con aceite en aerosol, rocíe 5 moldes para natilla (de 150 ml). Con aceite en aerosol, rocíe una cacerola mediana; caliente. Agregue los champiñones; fríalos hasta que estén suaves. Incorpore ¾ de taza de agua, el jugo de manzana, la canela, la sal y la pimienta; ponga a hervir. Añada el arroz; tape. Reduzca el fuego. Deje cocer hasta que se absorba el líquido y el arroz esté suave. Retire la cacerola del fuego. Retire y deseche la canela y la pimienta. Agregue la nuez y el cebollín. Sirva el arroz en los moldes que preparó; compacte con el dorso de una cuchara. Deje reposar por 5 minutos; desmolde y ponga en un platón.

Rinde 5 porciones

Sabrosa Manzana Salteada

½ taza de mantequilla o margarina
2 tazas de cebolla rebanada
5 manzanas Golden Delicious
½ cucharadita de albahaca seca machacada
¼ de taza de brandy
½ taza de agua
1 cucharada de vinagre de vino tinto
1 cucharadita de fécula de maíz

En una sartén, derrita la mantequilla, agregue la cebolla y saltéela hasta que esté dorada. Mientras tanto, pele, descorazone y rebane las manzanas. Agregue la manzana y la albahaca a la mezcla de cebolla; cueza por 3 minutos. Vierta el brandy y reduzca el fuego. En un recipiente, combine el agua, el vinagre y la fécula de maíz; vierta la mezcla de manzana. Incremente el fuego; cueza hasta que se espese.

Rinde 1½ tazas

Timbales de Arroz, Champiñón y Nuez Condimentados

Cebollas Rellenas con Verduras y Queso

1½ tazas (180 g) de queso Jarlsberg
    rallado
1 taza de pan molido sazonado
1 cucharada de tomillo fresco *o*
    1 cucharadita de tomillo seco
    machacado
6 cebollas (de 180 a 210 g cada una)
1 cucharadita de aceite de oliva o
    vegetal
1 cucharadita de ajo picado

¾ de taza de chile verde finamente
    picado (1 chile mediano)
½ taza de apio con hojas finamente
    picado
1½ tazas de caldo de verduras o
    vino blanco (o una mezcla
    de ambos)
3 cucharaditas de queso
    parmesano rallado, opcional
½ taza de salsa (o gravy), opcional

Revuelva el queso, el pan molido y el tomillo.

Pele las cebollas. Recorte más o menos 1.5 cm de la parte superior y saque los centros, para dejar una corteza de 1.5 cm. Corte 0.5 cm de los extremos del tallo para que las cebollas se puedan asentar.

Pique finamente suficiente cebolla del centro hasta obtener ½ taza. Conserve la cebolla restante para otros usos.

En una sartén, caliente el aceite; agregue el ajo y saltéelo a fuego alto por 1 minuto. Añada ½ taza de cebolla picada, el chile y el apio; saltéelos durante 2 minutos. Vierta 2 cucharadas del caldo y tape rápidamente para cocer al vapor por 2 minutos. Deje enfriar. Incorpore la mezcla de cebolla y ¼ de taza de caldo a la de pan molido. Rellene las cebollas con la mezcla (más o menos ½ taza en cada una). Si lo desea, corone cada cebolla con ½ cucharadita de queso parmesano.

Acomode en un refractario. Vierta el caldo restante alrededor de las cebollas. Cubra con papel de aluminio; pliegue los lados del papel alrededor del refractario, sin que toque la parte superior de las cebollas. Hornee por 1 hora a 200 °C o hasta que las cebollas estén suaves.

Para servir, saque las cebollas con una espumadera y, si lo desea, mezcle la salsa o el gravy con los jugos del refractario. Bañe las cebollas.

Rinde 6 porciones

Papas Salteadas al Ajillo

Papas Salteadas al Ajillo

900 g de papas (patatas), peladas y
en trozos de 2.5 cm
3 cucharadas de aceite de oliva
6 dientes de ajo, con cáscara
1 cucharada de jugo de limón

1 cucharada de cebollín fresco
picado
1 cucharada de perejil fresco
picado
Sal y pimienta negra recién
molida

Coloque la papa en un colador grande; enjuáguela bajo el chorro de agua fría. Escúrrala
bien; séquela con toallas de papel. En una sartén antiadherente grande, caliente el aceite de
oliva a fuego medio. Acomode la papa en una capa. Cueza y revuelva, volteándola con
frecuencia, por 10 minutos o hasta que se dore. Añada el ajo. Tape; reduzca el fuego a bajo
y deje cocer, sacudiendo la sartén y revolviendo de vez en cuando, de 15 a 20 minutos o
hasta que la papa se sienta suave cuando la pique con un tenedor. Retire el ajo y pélelo. En
un recipiente chico, machaque el ajo; vierta el jugo de limón. Vacíe sobre las papas;
revuelva bien. Cueza de 1 a 2 minutos o hasta que esté bien caliente. Pase a un platón;
espolvoree con cebollín y perejil. Sazone con sal y pimienta al gusto.

Rinde 4 porciones

Papas Horneadas Dos Veces

2 papas (patatas) grandes
con cáscara (de unos
180 g cada una)
½ taza de dip para nacho
¼ de taza de cebollín finamente
picado

¼ de cucharadita de pimienta
negra poco molida
2 cucharadas de salsa
2 cucharadas de cilantro fresco
picado
Flores de mastuerzo (opcional)

Caliente el horno a 200 °C. Lave las papas con un cepillo para verduras; píquelas con un tenedor en varios lugares. Hornéelas de 45 a 50 minutos o hasta que se sientan suaves al picarlas con un tenedor. Retírelas del horno; déjelas enfriar hasta que pueda manejarlas.

Reduzca la temperatura del horno a 150 °C. Corte las papas por la mitad a lo largo. Haga 4 cortezas sacando la pulpa de la papa; trate de no romper la cáscara. Ponga la pulpa en un tazón grande; macháquela con un machacador o con batidora eléctrica. Agregue el dip para nacho, la cebolla y la pimienta. Revuelva hasta que se incorporen. Incorpore la salsa y el cilantro; revuelva. Rellene las cortezas con una cantidad abundante de la mezcla. Envuélvalas con papel de aluminio; deje abierta la parte superior. Acomode en una charola para hornear.

Hornee por 25 minutos o hasta que estén bien calientes. Sírvalas calientes. Adorne con flores comestibles, si lo desea.

Rinde 4 porciones

Papa Horneada Dos Veces

Papas con Jarlsberg

8 papas (patatas) nuevas medianas, peladas y en cuartos

2 nabos medianos, pelados y en trozos

1 cebolla mediana finamente picada

¼ de taza de mantequilla o margarina, suavizada

¼ de taza de perejil fresco picado

1¼ tazas (150 g) de queso Jarlsberg rallado

½ cucharadita de sal

¼ de cucharadita de nuez moscada rallada

⅛ de cucharadita de pimienta negra

En una cacerola grande, cueza las papas en agua con poca sal, durante 10 minutos. Agregue el nabo y la cebolla; cueza por 15 minutos más o hasta que las verduras estén suaves. Escurra bien. Bata con batidora eléctrica hasta que se incorporen. Integre batiendo la mantequilla y el perejil. Añada ¾ de taza de queso, la sal, la nuez moscada y la pimienta. Reserve 1 taza de la mezcla.

Distribuya la mezcla de papa restante en un refractario de 1½ litros de capacidad, untado con mantequilla. Coloque la mezcla de papa que reservó en una duya con punta de estrella y decore la orilla del refractario.

Hornee a 180 °C durante 40 minutos. Distribuya el queso restante en el centro del refractario. Hornee por 5 minutos más. *Rinde 8 porciones*

Sabrosos Palitos de Camote

3 camotes (batatas) medianos (unos 675 g)

3 tazas de cereal de arroz inflado, machacado a ¾ de taza

½ cucharadita de sal de ajo

¼ de cucharadita de sal de cebolla

⅛ de cucharadita de pimienta de Cayena

½ taza de harina de trigo

2 claras de huevo

2 cucharadas de agua

Aceite en aerosol

Salsa (opcional)

1. Lave los camotes y córtelos a lo largo en rebanadas de 1.5 cm. Córtelos en tiras de 1.5 cm.

2. En un refractario o platón, combine el cereal y las especias. Coloque la harina en otro refractario o platón. Bata aparte las claras de huevo y el agua. Espolvoree los camotes con harina; sacuda el exceso. Remoje los camotes en la mezcla de huevo y luego cúbralos con la mezcla de cereal. Acomódelos en una capa en una charola para hornear forrada con papel de aluminio rociado con aceite en aerosol.

3. Hornee a 200 °C por unos 30 minutos o hasta que se doren un poco. Sírvalos calientes con salsa, si lo desea. *Rinde 15 porciones*

Tiempo de Preparación: 25 minutos   **Tiempo de Horneado:** 15 minutos

Ratatouille

1 berenjena chica, en cubos de 1.5 cm	420 g de calabacita con salsa de tomate estilo italiano
2 chiles verdes, en cubos	420 g de tomate rojo estofado
1 cebolla mediana rebanada	½ cucharadita de sal
1 diente de ajo picado	⅛ de cucharadita de pimienta negra
¼ de taza de aceite de oliva	

Fría la berenjena, el chile verde, la cebolla y el ajo en el aceite, a fuego medio-alto, sin dejar de mover. Agregue la calabacita, el tomate, la sal y la pimienta. Tape; deje cocer por 30 minutos. *Rinde de 6 a 8 porciones*

Calabaza Acorn Rellena de Espinaca

4 calabazas Acorn chicas
2 cucharadas de aceite de oliva
285 g de espinaca picada,
    descongelada y escurrida
1 envase (225 g) de queso ricotta
1 cucharada de queso parmesano
    rallado

¼ de cucharadita de pimienta
    negra recién molida
⅛ de cucharadita de sal
⅛ de cucharadita de nuez moscada
    molida

Caliente el horno a 160 °C. Corte las calabazas por la mitad a lo ancho. Saque y deseche las semillas y las fibras. Barnice el interior y el exterior de las calabazas con el aceite. Colóquelas en un refractario. Hornee, sin cubrir, de 35 a 40 minutos o hasta que se sientan suaves al picarlas con un tenedor.

En un recipiente mediano, combine la espinaca, los quesos ricotta y parmesano, la pimienta, la sal y la nuez moscada. Sirva cantidades iguales de la mezcla de espinaca en las mitades de calabaza. Hornee, sin cubrir, de 10 a 15 minutos más o hasta que estén bien calientes.

Rinde 8 porciones

Pay de Espinaca

1 cucharada de aceite de oliva
450 g de espinaca, lavada, escurrida
    y sin tallos
1 papa (patata) mediana, cocida y
    machacada

2 huevos, batidos
¼ de taza de queso cottage
2 cucharadas de queso romano
    rallado
Sal

Caliente el horno a 180 °C. Con el aceite de oliva, engrase un molde redondo para torta de 20 cm. Corte la espinaca en trozos de un bocado. En un recipiente grande, combine la espinaca, la papa, los huevos y los quesos. Vierta la mezcla en el molde. Hornee de 15 a 20 minutos o hasta que se cueza. Sazone con sal al gusto.

Rinde 6 porciones

Calabaza Acorn Rellena de Espinaca

Calabaza Condimentada al Horno

Calabaza Condimentada al Horno

720 g de calabaza buttercup cocida
2 claras de huevo, ligeramente
batidas
¼ de taza de azúcar morena

2 cucharaditas de mantequilla o
margarina, derretida
1 cucharadita de canela
½ taza de croutones con hierbas,
machacados

• Caliente el horno a 200 °C. Combine la calabaza, las claras de huevo, el azúcar, la mantequilla y la canela; revuelva bien.

• Vierta en un molde para hornear de 1 litro de capacidad rociado con aceite en aerosol.

• Hornee de 20 a 25 minutos o hasta que se cueza el centro.

• Saque del horno; espolvoree encima los croutones. Hornee de 5 a 7 minutos más o hasta que los croutones estén dorados.   *Rinde de 6 a 8 porciones*

Tiempo de Preparación: 5 minutos   **Tiempo de Cocción:** 25 a 35 minutos

Verduras con Miel a la Parrilla

12 papas (patatas) rojas chicas,
en mitades

¼ de taza de miel

3 cucharadas de vino blanco seco

1 diente de ajo picado

1 cucharadita de tomillo seco
machacado

½ cucharadita de sal

½ cucharadita de pimienta negra

2 calabacitas, cortadas a lo largo y
a lo ancho por la mitad

1 berenjena mediana, en
rebanadas de 1.5 cm

1 pimiento morrón verde, cortado
verticalmente en octavos

1 pimiento morrón rojo, cortado
verticalmente en octavos

1 cebolla grande, en rebanadas
de 1.5 cm

Cubra la papa con agua. Ponga a hervir y deje cocer por 5 minutos; escurra. Combine la miel, el vino, el ajo, el tomillo, la sal y la pimienta. Coloque las verduras en la parrilla aceitada del asador sobre el carbón caliente. Ase de 20 a 25 minutos; voltee y barnice con la mezcla de miel cada 7 u 8 minutos.   *Rinde de 4 a 6 porciones*

Método en Horno: *Revuelva las verduras con la mezcla de miel. Hornee, sin cubrir, a 200 °C, durante 25 minutos o hasta que estén suaves; revuelva cada 8 o 10 minutos para evitar que se quemen.*

Salteado de Verduras

2 cucharadas de aceite de oliva
2 calabazas amarillas, en trozos de 2.5 cm
1 cebolla mediana rebanada
4 berenjenas baby, sin los extremos y cortadas en mitades a lo largo
1 pimiento morrón amarillo mediano, en tiras de 0.5 cm

8 zanahorias baby, peladas y sin los extremos
8 tomates cherry, en mitades
1 cucharada de ajo picado
1 cucharada de tomillo fresco picado*
½ taza de albahaca fresca picada*
Sal y pimienta negra recién molida
Rama fresca de tomillo (opcional)

En una sartén grande, caliente el aceite a fuego medio-alto. Coloque la calabaza, la cebolla, la berenjena, el pimiento y las zanahorias. Cueza, revolviendo sin cesar, por 5 minutos. Agregue el tomate, el ajo y el tomillo. Cueza, sin dejar de revolver, durante 3 minutos o hasta que las verduras estén suaves. Incorpore la albahaca. Sazone con sal y pimienta al gusto. Adorne con tomillo, si lo desea. *Rinde 6 porciones*

Si no encuentra hierbas frescas, omítalas. No las sustituya con hierbas secas.

Salteado de Verduras

Verduras a la Parrilla con Vinagreta Balsámica

1 berenjena mediana
   (de unos 575 g)
2 calabacitas medianas
2 a 3 calabazas amarillas medianas
2 pimientos morrones rojos
   medianos
¾ de taza de aceite de oliva

¼ de taza de vinagre balsámico
1 cucharadita de sal
¼ de cucharadita de pimienta negra
1 diente de ajo picado
2 a 3 cucharadas de hierbas
   frescas finamente picadas

Recorte los extremos de la berenjena, la calabacita y la calabaza; córtelas a lo largo en rebanadas de 0.5 a 1.5 cm. Quite el corazón y las semillas de los pimientos; córtelos en tiras de 2.5 cm de ancho. Ponga las verduras en un platón profundo o en una cacerola ancha. En un recipiente chico, combine el aceite, el vinagre, la sal, la pimienta, el ajo y las hierbas. Vierta la vinagreta sobre las verduras; voltéelas para bañarlas. Déjelas reposar por 30 minutos o más. Saque las verduras de la vinagreta; deje en el platón la vinagreta que no se adhiera a las verduras.

Aceite la rejilla caliente para evitar que se peguen las verduras. Ase las verduras, con el asador tapado, con el carbón a temperatura media, de 8 a 16 minutos hasta que se sientan suaves cuando las pique con un tenedor; voltéelas una o dos veces. (El tiempo dependerá de las verduras; las berenjenas tardan más.) Conforme se cuezan las verduras, regréselas al platón y voltéelas para cubrirlas con la vinagreta. (O corte la berenjena, la calabacita y la calabaza en cubos, y mézclelos con el pimiento y la vinagreta.) Sírvalas calientes o a temperatura ambiente.

Rinde 6 porciones

Verduras a la Parrilla con Vinagreta Balsámica

Verduras Marinadas

2 tazas de floretes de brócoli
2 tazas de floretes de coliflor
225 g de ejotes (judías verdes),
en trozos de 5 cm
2 tazas de zanahoria, en rebanadas
diagonales
1 taza de tomate cherry, en mitades
½ taza de cebolla morada picada
⅓ de taza de mostaza Dijon

⅓ de taza de aceite de oliva
¼ de taza de vinagre de vino tinto
1 cucharadita de azúcar
1 cucharadita de orégano seco
¼ de cucharadita de pimienta
negra poco molida
⅓ de taza de tiras de tomate
deshidratado envasado
en aceite

En una olla grande, cueza al vapor el brócoli, la coliflor, los ejotes y la zanahoria hasta que estén suaves. Enjuague las verduras en agua fría y escúrralas bien; póngalas en un recipiente grande. Incorpore el tomate y la cebolla. En un tazón chico, bata la mostaza, el aceite, el vinagre, el azúcar, el orégano y la pimienta; añada el tomate deshidratado. Vierta el aderezo sobre las verduras; revuelva para bañarlas bien. Refrigere durante 2 horas por lo menos antes de servir; revuelva de vez en cuando. Adorne al gusto.   *Rinde 6 porciones*

Verduras Invernales con Miel

2 a 2½ tazas de calabaza
buttercup, pelada y sin
semillas, en cubos de 1.5 cm
1 nabo, pelado y en cubos de 1.5 cm
2 zanahorias, peladas y en
rebanadas de 1.5 cm
1 cebolla chica, en cuartos

¼ de taza de miel
2 cucharadas de mantequilla o
margarina, derretida
1 cucharadita de ralladura de
cáscara de naranja
¼ de cucharadita de nuez moscada

En una olla grande, acomode una canastilla para cocer al vapor, a 2.5 cm del agua hirviente, y coloque la calabaza, el nabo, la zanahoria y la cebolla; tape y deje cocer por unos 5 minutos o hasta que se suavicen. Escurra. En un recipiente chico, combine la miel, la mantequilla, la ralladura y la nuez moscada. Ponga las verduras en un platón caliente y rocíelas con la mezcla de miel; revuelva para cubrirlas.   *Rinde de 4 a 6 porciones*

Verduras Marinadas

Caponata Siciliana

5 cucharadas de aceite de oliva
8 tazas (675 g) de berenjena sin
  pelar, en cubos de 1.5 cm
2½ tazas de cebolla rebanada
  (2 chicas)
1 taza de apio picado (3 tallos)
1¾ tazas (lata de 420 g) de tomate
  rojo en trozos, sazonado con
  aceite de oliva, ajo y especias,
  con su jugo

⅓ de taza de aceitunas negras
  picadas, escurridas
¼ de taza de vinagre balsámico o
  de vino tinto
2 cucharadas de alcaparras
2 cucharaditas de azúcar
  granulada
½ cucharadita de sal
  Pizca de pimienta negra molida

CALIENTE *3 cucharadas de* aceite a fuego alto, en una sartén mediana. Añada la berenjena; cuézala por 6 minutos o hasta que esté suave. Retire de la sartén; escúrrala sobre toallas de papel.

AGREGUE el aceite *restante* a la sartén. Caliente a fuego medio. Saltee la cebolla y el apio por 5 minutos o hasta que se suavicen.

INCORPORE el tomate con su jugo y la berenjena; deje que hierva. Reduzca el fuego; deje cocer, tapado, por 15 minutos. Añada las aceitunas, el vinagre, las alcaparras, el azúcar, la sal y la pimienta. Cueza durante 5 minutos. *Rinde 4½ tazas*

Caponata Siciliana

Verduras a la Parrilla al Fresco

2 pimientos morrones rojos grandes

2 calabacitas medianas
1 berenjena grande

MARINADA CONDIMENTADA

⅔ de taza de vinagre de vino blanco
½ taza de salsa de soya
2 cucharadas de jengibre picado

2 cucharadas de aceite de oliva
2 cucharadas de aceite oscuro de ajonjolí (sésamo)
2 dientes grandes de ajo picados

• Quite las semillas a los pimientos; córtelos en cuartos. Corte las calabacitas a lo largo en tiras de 0.5 cm de grosor. Rebane la berenjena en rodajas de 0.5 cm.

• En un refractario de 33×23 cm, combine los ingredientes de la Marinada Condimentada. Ponga las verduras en el refractario; revuelva para bañarlas. Cubra y refrigere durante 2 horas por lo menos o hasta por 24 horas; voltéelas de vez en cuando.

• Unos 30 minutos antes de servir, caliente el asador a fuego medio y acomode la rejilla de 13 a 15 cm del carbón. Acomode el pimiento, la calabaza y la berenjena sobre la rejilla. Ase las verduras por 4 minutos; voltéelas una vez y barnícelas con la marinada de vez en cuando.

Rinde 4 porciones

Para Asar: *Caliente un asador eléctrico y ase las verduras de 13 a 15 cm de la fuente de calor durante 4 minutos de cada lado.*

ÍNDICE

ÍNDICE

ÍNDICE

MEDIDAS DE CAPACIDAD (seco)

⅛ de cucharadita = 0.5 ml
¼ de cucharadita = 1 ml
½ cucharadita = 2 ml
¾ de cucharadita = 4 ml
1 cucharadita = 5 ml
1 cucharada = 15 ml
2 cucharadas = 30 ml
¼ de taza = 60 ml
⅓ de taza = 75 ml
½ taza = 125 ml
⅔ de taza = 150 ml
¾ de taza = 175 ml
1 taza = 250 ml
2 tazas = 1 pinta (pint) = 500 ml
3 tazas = 750 ml
4 tazas = 1 litro (1 quart)

MEDIDAS DE CAPACIDAD (líquido)

30 ml = 2 cucharadas = 1 fl. oz
125 ml = ½ taza = 4 fl. oz
250 ml = 1 taza = 8 fl. oz
375 ml = 1 ½ tazas = 12 fl. oz
500 ml = 2 tazas = 16 fl. oz

PESO (masa)

15 g = ½ onza (oz)
30 g = 1 onza (oz)
90 g = 3 onzas (oz)
120 g = 4 onzas (in)
225 g = 8 onzas (in)
285 g = 10 onzas (in)
360 g = 12 onzas (in)
450 g = 16 onzas (in)

115 g = ¼ de libra (lb)
150 g = ⅓ de libra (lb)
225 g = ½ libra (lb)
340 g = ¾ de libra (lb)
450 g = 1 libra = 1 pound
565 g = 1 ¼ libras (lb)
675 g = 1 ½ libras (lb)
800 g = 1 ¾ libras (lb)
900 g = 2 libras (lb)
1.125 kg = 2 ½ libras (lb)
1.240 kg = 2 ¾ libras (lb)
1.350 kg = 3 libras (lb)
1.500 kg = 3 ½ libras (lb)
1.700 kg = 3 ¾ libras (lb)
1.800 kg = 4 libras (lb)
2.250 kg = 5 libras (lb)
2.700 kg = 6 libras (lb)
3.600 kg = 8 libras (lb)

TEMPERATURA DEL HORNO

48 °C = 120 °F
54 °C = 130 °F
60 °C = 140 °F
65 °C = 150 °F
70 °C = 160 °F
76 °C = 170 °F
81 °C = 180 °F
92 °C = 200 °F
120 °C = 250 °F
140 °C = 275 °F
150 °C = 300 °F
160 °C = 325 °F
180 °C = 350 °F
190 °C = 375 °F
200 °C = 400 °F
220 °C = 425 °F
230 °C = 450 °F
240 °C = 500 °F

LONGITUD

0.2 cm = ¹⁄₁₆ de pulgada (in)
0.3 cm = ⅛ de pulgada (in)
0.5 cm = ¼ de pulgada (in)
1.5 cm = ½ pulgada (in)
2.0 cm = ¾ de pulgada (in)
2.5 cm = 1 pulgada (in)

MEDIDAS DE RECIPIENTES PARA HORNEAR

Molde	Medidas en cm	Medidas en pulgadas/ cuartos (quarts)	Capacidad
Para torta (cuadrada o rectangular)	20×20×5	8×8×2	2 litros
	23×23×5	9×9×2	2.5 litros
	30×20×5	12×8×2	3 litros
	33×23×5	13×9×2	3.5 litros
Para barra	20×10×7	8×4×3	1.5 litros
	23×13×7	9×5×3	2 litros
Para torta redonda	20×4	8×1½	1.2 litros
	23×4	9×1½	1.5 litros
Para pay	20×3	8×1¼	750 ml
	23×3	9×1¼	1 litro
Cacerola para hornear	———	1 cuarto (quart)	1 litro
	———	1½ cuartos	1.5 litros
		2 cuartos	2 litros